뭉우리돌의 들녘

뭉우리돌의 들녘

국외독립운동 이야기

러시아·네덜란드 편

김동우 글·사진

수오서재

일러두기

1. 독립기념관 국외독립운동사적지 정보를 기본으로 취재했고, 단행본, 논문, 국내외 기사 등 다양한 자료를 참고했다. 자료별로 사건의 날짜가 다를 때는 가급적 년, 월까지만 표기했다.
2. 글의 전개상 '님', '선생님', '옹' 등의 호칭과 도산 등의 '호'는 생략을 원칙으로 했다. 단, 생존 인물은 예외로 했다.
3. 인물의 생몰 연대는 필요한 경우에만 적었다.
4. 외래어 표기법을 따르되, 글의 흐름상 현지 발음이 자연스러울 경우 예외로 했다.
5. 주요 개념으로 쓰인 'Aura'의 규범 표기는 '오라'이지만 예술계에서 주로 쓰이는 뉘앙스를 살리기 위해 '아우라'로 표기했다.
6. 지역별로 한국인을 칭하는 단어가 다양해 '한인'으로 통칭했다.
7. 1919년 3월 1일부터 국내외로 확산된 평화 만세 항거의 공식 명칭은 '3·1운동'이다. 이 책에선 투쟁의 민족사적 의미를 운동으로 평가 절하하는 잘못을 바로잡고자, 3·1혁명으로 표기했음을 밝힌다.

극동 러시아 지역 주요 독립운동 사적지

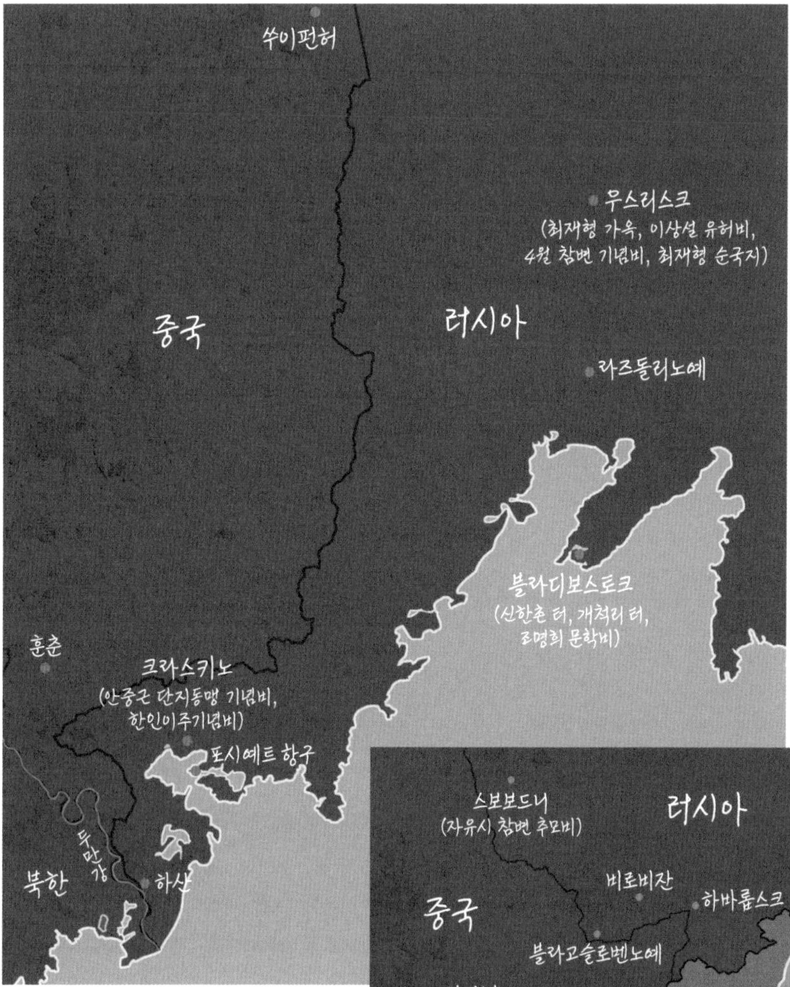

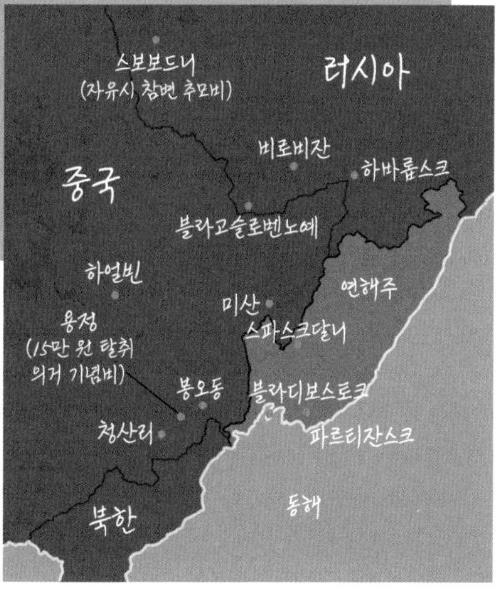

연해주 일대 주요 지명

‘뭉우리돌’은 둥글둥글하게 생긴 큰 돌을 뜻하는 우리말로 《백범일지》에 쓰였다. 서대문형무소에 투옥된 김구에게 일본 순사는 “지주가 전답의 뭉우리돌을 골라내는 것이 당연”하다며 고문과 함께 자백을 강요했다. 그 말을 오히려 영광으로 여긴 김구는 “오냐, 나는 죽어도 뭉우리돌 정신을 품고 죽겠고, 살아도 뭉우리돌의 책무를 다하리라”라고 답한다. 이 책 제목은 세계 곳곳에서 뭉우리돌처럼 박혀 대한독립을 위해 생을 바친 그들을 기리며 지었다.

차례

3 ___ 해삼위

4 ___ 헤이그, 상트페테르부르크

5 ___ 다시, 블라디보스토크

서문

다시 요동칠 기억의 연대를 꿈꾸며

강연 중 청중들에게 자주 하는 질문이 있다.

"한국 사람이 제일 좋아하는 시인이 누구죠?"

"윤동주요."

"그럼 윤동주는 어디서 태어났죠?"

"으… 음… 만주 용… 용정."

"네, 맞습니다. 그럼 윤동주는 중국 사람인가요, 한국 사람인가요?"

"어, 어, 한국 사람이죠."

이 문답에 따르면 한국인의 기준이 현재 국경이 아닌 것만큼은 확실하다. 한 라디오 방송에 나가 하와이 국외독립운동사적지를 소개했었는데, "앞으로 외국에 있는 교포들 이야기하실 때 중국 조선족도 언급해 주세요. 우리를 중국 사람으로만 보고 다들 미워해 가슴이 아픕니다. 우린 선조가 같은 한민족인데"란 비애감 물씬 풍기는 짤막한 메일을 받았다. 언제부턴가 국경이 한국인을 규정하는 선이 돼버린 것만 같았다. 시간은 빅뱅처럼 한 점에서 퍼져나간 사람들에 대한 유대감과 동질감을 서서히 옅게 만들었다. 이제는 오래전 나라를 떠나 국외에 터전을 잡은 이들을 이방인 취급하는 지경에 이르렀다. 기억의 연대가 실패한 까닭이다. 기억은 공동체를 유지시키는 실핏줄 같은 존재다. 역사는 이 혈관을 타고 줄곧 심장을 고동치게 만들었다. 우리가 하나의 민족이란 도타운 동질감은 국경이 아닌 여기서 비롯돼야 맞다.

하지만 과거에서 현재로 오는 기억의 흐름은 어느 순간 시들해지다 군데군데 맥이 끊긴 자리까지 보인다. 심지어 "옛날이야기 지금 알아서 뭐해요"란 냉소마저 듣는다. 역사교육의 실패고, 인성 교육의 패배다. 원인은 극단적 개인주의와 이기주의 너머 도움과 나눔으로 느낄 수 있는 희열을 경험하지 못했기 때문이다. 오직 '나'만이 관심거리가 된 듯하지 않나. 진단이 틀렸기를 바라지만, 공감이 사라진 시대가 온 것 같다. 인간성은 종적을 감추었고, 그 탓에 사회 각 분야에서 전에 없던 파열음이 터져 나오고 있다. 삭막한 삶은 철학을 일상과 분리시켰으며 문학은 시들어 힘을 잃은 지 오래고 역사는 극소수가 즐기는 변방의 취미 정도가 돼버린 느낌이다. 사진은 어떤가. 이미지 한 장에 깃든 정신과 사상에는 관심이 없고 온통 기술에만 눈길을 준다.

씁쓸한 현실을 부정하고 싶진 않다. 그렇다고 손을 놓을 수만도 없다. 역사는 인문학의 기초다. 기단석 없는 건물은 존재할 수 없다. 일찍이 신채호(1880~1936)는 "민족을 버리고는 역사가 없을 것이며, 역사를 버리고는 한 민족의 자기 국가에 대한 관념이 크지 못할 것"이라며 역사의 중요성을 강조했다. 목숨을 담보로 강을 넘은 이주와 그곳에서 독립운동에 삶을 바친 이들을 외면할 수 없는 이유다. 과거 없는 지금은 성립될 수 없고, 지금 없는 미래는 도래할 수 없다. 과거, 현재, 미래는 그래서 한 권의 책과 같다. 다른 시간대는 모두 같은 선상에서 하나의 선으로 연결돼야 온전히 한 편의 서사를 완성시킨다. 구구절절한 사연들은 공유돼야 힘을 갖는다. 그 보이지 않는 에너지는 네가 누구인지, 내가 어디서 왔는지, 우리가 왜 위대한지를 깨닫게 한다.

최근 아버지에게 돌아가신 할아버지가 광복 직전 일본 히로시마에 머물고 있었단 이야기를 들었다. 금시초문에 눈이 휘둥그레졌다. 내용은 이랬다. 할아버지는 어느 날 멀리서 엄청난 폭발음과 함께 빛이 번쩍하는 걸 보고 나무 아래 엎드려 목숨을 구한다(물론 원폭의 직접 살상 거리 밖에서 폭발을 보았을 거라 추정한다). 그리고 귀국길에 오르게 되는데 뱃삯이 없어 발을 동동 굴러야 했다. 이때 하숙집 주인이 사과를 주며 이걸 가지고 항구에 가 팔아 뱃삯을 내라고 했단다. 그 덕분인지 할아버지는 바다를 건너올 수 있었다. 아버지가 전해준 할아버지의 일본 행적은 여기까지였다. 질문이 꼬리를 물었다. 내 물음은 전개가 엉성한 부분을 집요하게 파고들었다. 이를테면 할아버지가 강제 징용자였는지 아니면 자발적 노동자였는지, 당시 사과를 팔아 뱃삯을 마련하는 게 가능한 일이었는지 등 궁금한 게 너무 많았다. 아버지에게 속사포처럼 질문을 쏟아냈지만 돌아온 답은 침묵뿐이었다. 답답한 부자였다. 무엇인가 쓰다만, 그리다만 미완의 유작 같은 느낌이질 않나. 평소 조금만 관심이 있었더라면 이 이야기는 더 탄탄한 구성을 갖게 됐을 거다. 그리고 완전히 잘려 나가 이제는 복구할 수도 없는 기억을 희미하게나마 이어 붙였을지 모른다. 기억은 한번 끊어지면 절대 회복할 수 없는 성질을 갖고 있다. 무리하게 복구를 시도하면 미화 내지는 왜곡 또는 변질돼 버리기 일쑤다. 그래서 기억의 단절은 그걸로 진실의 소멸을 의미한다. 그 사라짐은 결과적으로 동감을 가로막는다. 이것이 망각의 무서움이다.

자유와 평등 그리고 경제적 풍요는 그냥 오지 않았다. 그 과정은 철저하게 황망했고 치욕적이었다. 조선의 인조는 삼전도에서 청나라 황제를 향해 세 번 무릎을 꿇고 아홉 번 머리를 조아렸다. 고종은 일제에 의해 폐위된 채 나라의 망국을 바라봤다. 그럼에도 희망을 버리지 않은 사람들이 있었다. 그들은 바다 위 부표처럼 정처 없이 떠돌며 전 세계를 무대로 투쟁을 이어간다. 그 장대한 대서사시가 남긴 흔적은 여러 나라에 아직 오롯하다. 그리고 외따로 떨어진 드넓은 들녘을 하나로 잇는다. 그 연결은 국경을 초월한 채 어떠한 환경에서도 환희에 찬 미래를 포기하지 않았던 사람들을 떠올리게 한다.

지난 책《뭉우리돌의 바다》에서는 인도, 멕시코, 쿠바, 미국에 남은 국외독립운동사적지에 대해 다뤘다.《뭉우리돌의 들녘》은 러시아, 네덜란드의 이야기다. 이 책을 쓰던 2023년은 '한인 연해주 이주 160주년'이 되는 해였다. 농부가 농사를 준비하며 갈바래질 하듯 묵혀 있던 역사를 사진과 글로 들춰내 봤다. 분명 거기서 미처 깨닫지 못한 놀라운 우리를 발견하게 될 거다.

사진가 김동우

덧붙이는 말. 처음 러시아 지역 국외독립운동사적지 자료를 보는데 지명, 등장인물, 사건 등 모든 게 무척 혼란스러웠다. 일단 지역명이 낯설어 어디가 어디인지 이야기가 머릿속에 잘 그려지지 않았다. 러시아 지명이 있고, 이것을 우리식으로 부른 이름이 따로 있었고, 과거 지명이 현재 다른 말로 바뀐 곳도 있었다. 이것들이 자료에 혼재돼 있다 보

니 같은 곳을 다른 곳으로 착각하는 일도 빈번했다. 게다가 사건은 우리 역사만으로 끝나는 게 아니고 중국, 일본, 러시아의 상황과 맞물리면서 십중팔구 복잡한 양상으로 전개되기 십상이었고, 심지어 세계사까지 연결시켜야 겨우 사건 전후 맥락의 갈피가 잡히기도 했다.

빈약한 배경지식으로 연해주 일대 사적지를 답사하고 촬영해 이를 글로 정리하는 일은 참 버거운 작업이었음을 밝힌다. 그렇다고 이야기를 뭉개 얼버무리고 싶지도 않았다. 처음 러시아 지역을 살피며 겪은 어려움이 무엇이었는지를 상기하며 꼭꼭 씹어 최대한 쉽게 쓰려 노력했다. 물론 쉽게 쓴다고 지명, 이름, 단체명까지 바꿔 쓸 수 있는 건 아니다. 독자들에게 청이 있다. 조금 어색하고 낯설어도 앞부분만 잘 견뎌주길 바란다. 그럼 조상들이 만들어 놓은 위대한 이야기에 어느새 탄력이 붙어 금세 마지막 책장을 덮게 될 거다. 이해를 돕기 위해 앞부분에 배치한 지도도 꼭 보고 가길 권한다.

중요한 건 몇 년도 무슨 단체가 아니다. 19세기 중엽에서 20세기 초반에 이르는 시기 우리 조상들이 러시아 등에서 나라를 되찾기 위해 어떻게 노력했냐는 점이다. 독자들과 그 큰 흐름을 나누었으면 한다.

과거 없는 지금은

성립될 수 없고,

지금 없는 미래는 도래할 수 없다.

과거, 현재, 미래는

그래서 한 권의 책과 같다.

그 다른 시간대는

모두 같은 선상에서

하나의 선으로 연결돼야

온전히 한 편의 서사를 완성시킨다.

구구절절한 사연들은

공유돼야 힘을 갖는다.

그 보이지 않는 에너지는

네가 누구인지, 내가 어디서 왔는지,

우리가 왜 위대한지를 깨닫게 한다.

이상설 선생 유허지

과거 아라사(俄羅斯, 러시아의 한자식 음역어)라 불렸던 러시아와 우리의 인연은 지리적으로 고구려 시대까지 거슬러 올라간다. 지난 2008년 연해주沿海州 하산Khasan 지역 연추(크라스키노Kraskino)* 남동쪽 2~3킬로미터 지점에 자리한 발해 염주성鹽州城 현지 발굴 조사에서 530년대 사용된 것으로 보이는 고구려 시대 주거지 등이 확인됐다. 발해 시기 염주성은 일본과 신라로 가는 무역선의 중요 출항지였는데, 이 발굴은 연해주가 발해(698~926년) 시기 편입된 영토란 기존 학설을 다시 들여다보게 하는 결과로 주목받았다.

현재 국경으로 보면 러시아 극동 지역은 이순신과도 인연이 있다. 1586년 이순신은 지금의 육군 중대장 정도 계급인 조산보만호(造山堡萬戶, 종 4품)로 두만강 하구 최북단 섬 녹둔도鹿屯島에 부임한다. 그의 나이 마흔두 살 때 일이다. 이순

* 우리말로 연추는 러시아어로 '얀치헤(Yanchikhe)'로 표기하는데, 어원은 연추하(延秋河)다. 즉 얀치헤, 연추 모두 염주하(鹽州河)에서 비롯된 것임을 추측하게 한다. 이는 지명이 발해의 흔적에서 비롯됐음을 의미한다.

신은 이곳에서 여진족의 침입에 대비하며 둔전屯田관으로 일한다. 둔전은 군관의 경비 충당을 위해 설치한 밭과 논을 뜻한다. 1587년 여진족이 둔전을 습격하면서 '녹둔도 전투'가 벌어진다. 결과적으로 조선 조정은 이순신이 제대로 방비하지 못했다며 첫 번째 백의종군을 명한다. 그랬던 녹둔도는 1860년 청나라와 러시아가 '베이징 조약'을 체결하면서 우리 의지와 상관없이 러시아 영토에 편입된다.

녹둔도는 과거 두만강이 범람하면서 만들어진 저습지, 즉 하중도였는데 현재 삼각주로 남아 있다. 크기는 서울의 6분의 1 정도였고 18세기 이후에는 아예 육지와 연결된다. 과거 함경도 농민들은 이곳을 왕래하며 꽤나 큰 농토를 일구며 살았다. 북한은 1990년 9월, 국경 조약을 통해 녹둔도를 러시아 영토로 공식 인정한다.

조선 효종(1649~1659) 때 러시아 세력과 조선이 직접 접촉한 일도 있다. 당시 청나라는 남하하는 러시아 세력을 막고자 조선에 도움을 요청한다. 조선군은 원정대를 꾸려 현재 하바롭스크Khabarovsk 인근 송화강과 흑룡강까지 올라가 러시아 세력을 격파한다. 이를 나선정벌羅禪征伐•이라 한다. 파병은 1654년, 1658년 두 차례에 걸쳐 이뤄진다. 그런데 이

• '나선'은 당시 러시아인(Russian)이란 말을 한자음으로 표기한 것이다. 청나라는 1689년 남진하는 러시아를 막기 위해 네르친스크(Nerchinsk) 조약을 맺고 흑룡강을 기준으로 북쪽 국경을 확정 짓는다. 이 조약은 청나라가 맺은 첫 번째 평등 조약이었다.

사건을 조금 자세히 들여다보면 새삼 흥미로운 지점이 있다. 이 정벌은 조선 입장에서 명에 대한 효와 충을 다하지 못하고 오랑캐(청) 뜻에 따라 원정군을 파병한 치욕이었다. 2차 원정에서 개선하고 돌아오는 신유 장군이 지은 시 중 "이역 만리 출정에서 성공하기는 세상에 드문 일이건만, 이 나그네 마음은 어찌해 또다시 장탄식인고"란 대목이 있다. 그랬던 나선정벌이 숙종 때 와서 북벌의 가시적 성과로 각색된다. 이렇듯 러시아 극동 지역은 고구려에서 발해를 거쳐 이순신의 흔적 그리고 나선정벌에 이르는 유구한 역사가 아로새겨진 공간이다.

그렇다면 근현대 들어 러시아 땅에 처음 정착한 한인들은 누구였을까? 역사는 1863년 두만강을 넘은 함경도 농민을 그 시작으로 본다. 학정과 기근을 피해 목숨을 걸고 터전을 옮긴 사람들이었다. 이들은 불모지였던 땅 위에 초가집을 세우고, 박토를 옥토로 바꿔 나간다. 그랬던 땅에 의병들이 본거지를 만들고 독립운동가들이 망명을 이어간다. 그 흔적은 연해주뿐만 아니라 하바롭스크주, 아무르Amur주에 이르는 방대한 지역에 분포한다. 러시아에 남아 있는 국외독립운동사적지는 대체로 시베리아 횡단 철도 선상에 자리한다. 길은 안중근(1879~1910)이 이토 히로부미(1841~1909)를 척살하기 위해 열차에 오른 블라디보스토크Vladivostok에서 이상설(1870~1917)이 병사한 우수리스크Ussuriysk, 김알렉산드라(1885~1918)가 최후를 맞은 하바롭스크로 이어진다.

여기서 서진하면 자유시 참변 현장 스보보드니Svobodny를 지나 바이칼 호수에 닿는다. 여긴 사회주의 계열 독립운동가의 주무대였다. 시베리아 횡단 열차 종착지에는 모스크바Moscow, 상트페테르부르크St. Peterburg가 기다린다. 독립운동가 강상진, 김규면 등의 흔적을 더듬어 볼 수 있는 장소다. 하지만 이야기는 여기서 끝나지 않는다. 나라의 존망이 화급하던 시절 네덜란드 헤이그로 달려간 사람들이 또 있지 않나. 그 영웅들의 이야기를 시작해 본다.

유라시아 대륙에서의 한인 독립운동 개념도

범례

헤이그 특사 여정 ⟶

중앙아시아 한인강제이주지 ⟶

야쿠츠크
한인 탄광 노동 현장
러시아
블라고슬로벤노예
(사만리; 한인이주마을)
이르쿠츠크
고려공산당 창당지
니콜라옙스크
(니항)
스보보드니
자유시 참변 터
하바롭스크
한인사회당 창당지
중앙아시아
한인 강제 이주지
몽골
하얼빈
블라디보스토크
(신한촌)
동해
대한제국
한양
부산
중국
4월 26일 도착,
5월 21일 출발
이상설 합류
4월 23일 경유
1907년 4월 22일
이준 출발

1

연해주

목숨을 건

도강

뱃가죽이 등짝에 붙어 하루하루가 삶과 죽음의 경계였던 자들, 죽음의 여울에서 허우적거리던 그들은 대대손손 터전으로 삼아온 정든 고향을 등진다. 결과를 전혀 예상할 수 없던 이 선택은 과연 어떤 결말로 이어졌을까.

연해주는 러시아 말로 프리모르스키 크라이Primorsky krai 즉, '바다에 인접한 지역'이란 뜻이다. 이곳의 주도는 '정복'이란 뜻의 '블라디'와 '동방'이란 의미의 '보스토크'가 합쳐진 블라디보스토크다. 조상들은 '해삼이 많이 잡히는 작은 어촌'이라 해 해삼위海蔘威라 불렀다. 이 말은 연해주가 러시아 땅이 되기 전 중국인들이 '하이선웨이'라 부른 것에서 왔다. 처음 한인들이 두만강을 건너 연해주로 이주한 건 1863년(철종 14년) 9월 전으로 보인다. 공교롭게도 이 해는 철종이 서른세 살 나이로 후사 없이 승하하고, 고종이 왕위에 오른 시기다. 지긋지긋한 벼슬아치의 폭정 그리고 뜻하지 않은 기근이 겹치며 민심이 매우 흉흉하던 시절이었다. 배고픔을 견딜 수 없었던 함경도 무산 출신 최운보와 경흥 출신 양응범 등이 이끄는 13가구 60여 명이 얼어붙은 두만강을 건너 훈춘(珲春, 현 중국 영토)을 경유해 포시예트(Posyet, 목허우木許隅) 지역 지신허地新墟에 정착한다. 연해주 한인 첫 정착지 지신허는 중국·러시아식으로 각각 '계심하鷄心河', '티진헤Tizinhe'라 불리던 강 이름을 우리말로 표기한 거다. 한인들이 정착했을 당시에는 지신하 등으로 불리기도 했다. 소, 돼지를 키우고 가을이면 연자방아를 돌리던 이야기의 시작이 바로 이곳이다.

월강越江은 목숨을 건 행위였다. 청나라는 1677년 압록강, 두만강 이북 지역에 봉금령封禁令을 내려 사람들의 출입을 금지한다. 자신들의 발원지를 성스럽게 관리한다는 이유였다. 조선도 청나라의 뜻을 존중해 월강을 금지했다. 그러다 아편 전쟁을 계기로 연해주 일대 주인이 청나라에서 러시아로 바뀐다. 일부 조선 백성들은 봉금령 지역에 몰래 들어가 약초를 캐거나 사냥 등을 하며 생계를 이어 나가곤 했다. 특히 심마니들에게 두만강 너머 깊은 산중에 자라는 약초는 제법 큰 돈벌이 수단이었다. 봄이나 여름 강을 건너 파종하고 가을에 수확하는 농민들도 생겨났다. 이런 계절형 이주는 가족 전체가 터전을 옮기는 일은 아니었다.

반면 지신허 정착은 월강죄로 회술레(얼굴에 회칠을 하고 사람들 앞에 내돌리던 일) 뒤 공개 효수梟首될 수 있는 위험한 선택이었다. 강을 넘어 터전을 옮긴다는 건 목숨을 걸어야 하는 일이었다. 이는 곧 조상의 묘를 더이상 돌보지 못한다는 의미도 된다. 유교를 신봉했던 당시 사고로는 있을 수 없는 일이었다. 하지만 먼저 살아야 했다. 그들은 염주성 인근 묵정밭에 터를 잡고 러시아 정부에 거주 허가와 보호를 요청하며 새로운 삶을 시작한다.*

초기 정착민 대부분은 농민이었다. 더러 양반 출신 관리도 있었다. 극소수이긴 하지만 무당 등도 이주민 대열에 합류한다. 100보에서 300보 거리를 두고 초가집이 자리를 잡아나간다. 마을은 윗마을, 중간마을, 아랫마을로 길게 늘어선 모양이었다. 황무지를 개간하는 초기 정착은 혼곤한 삶이었지만 묵묵히 감궂은 땅을 일구며 수수 등의 작물을 심고 수확한다. 욕심 없이 소처럼 땅을 일구자 소문을 듣고 하나둘 이주민이 늘어간다. 이들에게 이곳은 신천지나 다름없었다. 1867년 지신허 인근에 또 다른 마을 연추가 조성된다. 이 무렵 마을 전체가 집단으로 강을 넘는 이주 형태를 보이기 시작한다. 지신허 이주 가구는 1868년 165가구, 1869년 766가구로 해가 다르게 증가한다.

북간도, 연해주, 상해, 시베리아 등에서 활동한 독립운동가이자 역사학자, 한글학자였던 계봉우(1880~1959)**가 쓴 '아령실기俄領實記'에

---

* 현재 우리나라와 러시아 거주 한인들은 이주 첫해를 각기 다른 해로 기리고 있다. 학계에서는 1863년 지신허 정착을 그 시작으로 보지만, 러시아에서는 1864년을 원년으로 본다. 러시아에 거주를 요청하고 이를 정식으로 허가한 해를 기준으로 하기 때문이다.

** '만고의사 안중근전'을 〈권업신문勸業新聞〉에 연재했으며, 상해 임시의정원 의원 시절 한인사회당 기관지 〈자유종〉 주필로 일했다. 〈독립신문〉에 '뒤바보'란 필명으로 '북간도 그 과거와 현재', '아령실기', '김알렉산드라 소전', '의병전' 등의 글을 썼다.

대대적 이주가 어떤 모습이었는지 짐작해 볼 수 있는 대목이 있다. 참고로 '아령'은 러시아 영토를 뜻하는 '노령' 등과 같은 의미다. 실기에 따르면 함경북도 경흥 주민 약 80호가 우차 60여 대, 말 30여 필을 끌고 국경을 넘다 관군의 제지로 충돌을 빚는다.

1869년 기사년己巳年은 연해주 이주에서 매우 중요한 한 해였다. 당시 함경도 일대는 여름에 내린 폭우로 대홍수가 발생하고, 가을 서리까지 겹치며 농작물이 큰 피해를 입는다. 이를 '기사 흉년'이라 하는데, 그해 겨울까지 지신허 등에 몰려든 사람들은 자그마치 6,000여 명에 이르렀다. 조선 조정은 월강을 막기 위해 국경 지역에 병사와 초소를 늘려보지만 증가하는 백성들의 도강을 전부 막진 못한다. 이 행렬에는 장차 연해주 독립운동의 대부로 성장할 최재형(1860~1920)의 가족과 국외에서 발행한 최초의 순 한글 신문인 〈해조신문海朝新聞〉을 창간한 초기 한인 사회 지도자 최봉준(1859~1917)* 등이 포함돼 있었다.

'아령실기'는 기사 흉년 참상을 아래와 같이 적고 있다.

> 1869년의 흉년은 음력 7월에 내린 장매(강풍에 따른 혹비)로 인한 것이었는데, 이때 육진지방**은 한 줌의 벼도 거둘 것이 없는 공전空前

---

* 최봉준은 연해주에서 선사를 운영한 최고의 무역왕이자 독립운동가다. 대한민국 정부는 그에게 지난 1996년 건국훈장 독립장을 추서했다.

** 조선 세종 때 함경북도 북변(北邊)을 개척해 설치한 여섯 진(鎭)을 말하는데, 경원, 경흥, 부령, 온성, 종성, 회령을 뜻한다.

의 대흉년이었다. 이에 더해 얼마 전 웅기만에 미국 상선이 표착漂着했는데 적재돼 있던 물화를 마음대로 나누어 가진 사건을 조사한다는 소문이 나돌았다. 이에 영문營門 장교가 사실을 조사하러 온다는 소문을 듣고 이를 두려워한 경흥 읍민 96가구가 음력 11월 일시에 두만강을 건너 지신허로 몰려들었다. 아무런 준비도 없이 들이닥친 이들을 맞은 지신허 마을에는 거처할 집도 식량도 없어 이주민들은 굶주림과 추위의 아비규환 상태에 빠지게 됐다.

흉년으로 몰려든 사람들의 규모는 초기 한인 마을이 감당할 수준이 아니었다. 극동 러시아 정부가 제공한 식량 등이 있었지만 모든 이주민을 구제하기에는 역부족이었다. 마을 여기저기에 아사한 시체가 나뒹구는 참혹한 광경이 펼쳐진다. 한인들의 상황이 심각한 지경에 이르자 러시아 정부는 이주 계획을 마련한다. 이때 지신허를 개척했던 최운보가 빈민 35가구를 이끌고 현 우수리스크 서쪽 지역 추풍(秋豊, 쑤이펀허綏芬河*)으로 이주한다.

한편 청나라는 러시아 세력의 남하를 견제하기 위해 200년 이상 유지된 봉금령을 1875년 현재 중국 심양 지역부터 해제한다. 황무지를 개간해 군량미를 확보하기 위한 조치였다. 1881년에는 북간도 일

* 현재는 라즈돌리노예강이라 불린다. 쑤이펀허는 중국식 발음으로 우리식으로 읽으면 수이푼(수분하)인데 어원은 발해 솔빈에서 왔다는 설이 있다. 발해가 멸망하던 926년 쑤이펀허 인근 성에서 거란과 큰 전투가 벌어지고 발해 군사들이 전멸한다. 이로 인해 아들, 남편, 아버지를 잃은 비통한 울음이 끊이지 않게 되고, 이때부터 슬픈 강, 수이푼이라 불리게 됐다는 전설 같은 이야기도 전해진다.

지신허 터

대 봉금령까지 해제하고 2년 후 조선은 월강 금지를 해제한다. 이때부터 북간도, 연해주 일대 한인 이주가 본격 시작된다. 그렇다고 토지 소유가 자유로웠던 건 아니다. 북간도로 이주한 경우 청나라가 이민실변移民実辺 정책(청나라 정부가 변방 지역에 국방을 강화하기 위해 이주를 주도한 정책)에 따라 한인들에게 체발역복(薙髮易服, 변발과 중국 의복을 입게 하는 것) 귀화입적歸化入籍을 강요하며 갈등을 초래한다.

세 부류로 나뉘다

러시아는 1872년부터 블라디보스토크에 해군 기지를 조성한다. 이에 따라 군량미와 각종 생필품이 필요해진다. 이 시기 조선과 러시아는 비공식적으로 육로 교역을 시작하는데, 1877년 조선에서 연해주로 넘어간 가축 수는 9,300마리쯤 됐다. 또 광산·건설·벌목 분야에서 한인 계절노동자가 급증한다. 1882년 기준 연해주 거주 한인은 1만여 명 정도였다. 반면 러시아인 수는 8,300여 명 수준에 그쳤다. 이주 초기 극동 러시아 정부는 한인의 연해주 정착을 호의적으로 봤다. 러시아인들이 극동 이주를 꺼리는 상황에서 노동력을 제공할 수 있는 인구 유입이 꼭 필요했기 때문이다.

한인들이 연해주에 정착한 지 20년이 지난 1884년 조선과 러시아가 국교(조러수호통상조약)를 맺는다. 한인들의 연해주 왕래도 자유로

워진다. 1888년에는 조러육로통상장정이 체결돼 공식 무역이 가능해진다. 이 협상에서는 연해주 한인 이주민에 대한 양국의 의견이 오가고, 비교적 이른 시기 정착한 사람들에게 러시아 국적을 부여하기로 합의한다. 이에 따라 1891년 극동 지역 러시아 총독 안드레이 코르프A.N. Korf는 국교 수립 전후로 이주 한인을 세 가지 형태로 분류한다.

1부류(1884년 이전 이주자)
러시아 국적 부여. 가구당 약 16만 4,000제곱미터(4만 9,600여 평)의 토지 분배. 조세·부역·군역 의무 부과. 상투와 댕기 정리.

2부류(1884년 이후 이주자)
조선 국적. 매년 러시아 비자 발급. 체류 2년 뒤 귀국. 조세·부역·군역 의무 면제. 거주지 정리.

3부류(계절노동자)
정착 활동 금지, 한 달 이상 체류 시 체류허가증 발급.

이어서 1893년 두호프스키Dukhovskii 총독이 취임하고 이주 한인들에 대한 완화 정책이 펼쳐진다. 그는 1부류 한인들에게 약속대로 토지를 할양하고 국적을 부여한다. 러시아 정교로 개종은 필수 조건이었다. 이렇게 러시아 국적 취득자는 원호元戶로, 그렇지 못한 사람은 여호餘戶로 불린다. 두호프스키는 2부류 한인들에게는 체류 기간 연장과 러시아 국적 부여 심사를 받을 수 있게 했다. 한인들의 내륙 이주도 허용했다. 이때 하바롭스크 등에도 한인 마을이 조성된다.

1898년 취임한 그로데코프Grodakov 총독도 우호 정책을 이어나가는데, 1898년 전까지 국적 취득을 못 한 1부류 전원과 5년 이상 거주한 2부류 사람들에게 국적을 부여한다. 또 3부류 한인들에게 내륙지방 이주를 허용하며 수십 개 한인 마을의 기틀이 마련된다. 이는 한인 이주를 변방 지역 개척에 활용하려는 러시아의 이해가 잘 맞아떨어진 결과였다. 이에 따라 1902년 원호는 1만 6,000여 명 수준까지 늘어난다. 이 시기 연해주 거주 한인은 3만 2,000명 정도였다.

1903년 연해주 내 한인 마을 수는 30여 개 정도였다. 마을 대부분은 지신허와 연추 주변 포시에트 지역에 몰려 있었다. 블라디보스토크, 추풍, 수청(水淸, 현 파르티잔스크Partizansk)에도 제법 큰 규모의 한인 마을이 자리 잡고 있었다. 참고로 파르티잔스크는 '빨치산의 도시'란 뜻으로 한인 무장 단체가 활발히 활동했던 곳이다. 파르티잔Partisan은 정규 부대가 아닌 비정규 게릴라군을 가리킨다. 이 말은 프랑스어 파르티Parti에서 왔는데, 당원, 동지, 당파 등을 의미한다.

한편 이때쯤 한인 마을 중 가장 유복했던 포시에트 주변 마을 일곱 개에 추풍 지역 네 개 마을을 더해 '남칠사 추풍사사南七社 秋風四社'란 말도 만들어진다. 추풍사사는 기사 흉년 이후 최운보가 개척한 시넬리코보(영안평), 푸칠로브카(육성촌), 코르사코프카(허커우), 크로우노브카(황커우) 등을 일컫는다. 이 마을은 훗날 귀화 한인 부촌의 상징이 된다. 이런 흐름 속에서 연해주 한인 이주는 1905년 을사늑약

시넬리코보(영안평)
푸칠로브카(육성촌)
우수리스크(송왕령, 쌍성자)
코르사코프카
(허커우)
크로우노브카(황커우)
추풍사사
중국
러시아
라즈돌리노예
(하마탕)
바라바시
(멍구가이, 맹고개)
아무르만
블라디보스토크
(해삼위)
파르티잔스크
(수청)
크라스키노
(연추)
지신허
포시예트(목허우)
두만강
나홋카
(동개터)
표트르대제만
북한
크라스노예셀로
(녹둔도)

연해주 한인 마을 지도

이후 또 한 번 폭증세를 보인다.

정리해보면 최초 연해주 이주는 우리의 필요에 따라 시작됐다. 여기에 러시아의 극동 지역 개발이란 이해가 맞물리면서 서서히 다른 형태를 보인다. 러시아에게 한인들은 노동력 수급 측면에서 꼭 필요한 존재였다. 이를 위해 제도적으로 귀화 신청을 받고 땅을 나눠주는 등의 우호 정책을 펼친다. 하지만 한인들이 모두 적극적으로 러시아인으로 귀화한 건 아니다. 상당수 조선인들은 차별 속에서도 러시아인이 되는 걸 꺼렸다. 아마도 그들에게는 언젠가는 강 건너로 돌아가야 한다는 신념 같은 게 있지 않았을까.

고난을 피해 역경 속으로

집시는 아니었지만 집시였던 사람들, 유랑자는 아니었지만 유랑을 해야 했던 사람들, 그러다 행려병에 걸려 도리 없이 고향을 그리며 눈을 감아야 했던 자들. 내 집, 내 땅, 내 나라가 없어 벌어진 애통한 일이었다. 울타리가 없다는 건 한 번도 경험해 보지 못한 사무치는 울분을 참아야 하는 일이었는지 모르겠다. 이주민이란 꼬리표는 그들이 눈을 감을 때까지 따라다녔다. 마치 죄인의 몸에 찍힌 낙인처럼.

청일 전쟁(1894~1895) 뒤 러시아가 청나라와 은밀히 접촉을 시도한다. 그리고 독일과 프랑스를 움직여 청일 전쟁으로 일본이 차지한 요동반도를 다시 반환하도록 압력을 행사한다. 이것이 일명 '삼국간섭'이다. 이를 통해 러시아는 여순과 대련을 조차租借*하고 군항으로 활용한다. 이때 독일은 청도를, 프랑스는 광주만을 손에 넣는다. 특히 러시아는 1896년 9월 청나라에 전쟁 배상금을 빌려주고 그 대가로 철도 부설권까지 획득한다. 이로써 1897년부터 1903년까지 치타~하얼빈~쑤이펀허~블라디보스토크에 이르는 총 길이 1,760킬로미터의 동청 철도가 건설된다. 러시아는 시베리아 횡단 철도 공사를 통해 1895년까지 서시베리아에서 자바이칼 지역까지 철로 건설을 끝마쳐 놓은 상태였다. 철도 건설은 그전까지 시베리아와 극동을 '죽음의 땅'으로 인식하던 러시아인의 이주를 활성화하는 데 일조한다. 1900년에서 1908년 사이 러시아인의 극동 이주는 이전에 비해 네 배나 폭증했다.

극동 러시아 정부는 한인에 대한 기본 정책으로 고유 민족성을 억압하며 러시아화를 추진해 나간다. 개종과 교육을 통해 한인을 러시아인으로 만들어 보겠다는 뜻이었다. 그런데 역설적이게도 한인들은 인종주의적 차별을 벗어나지 못한다. 먼저 극동 러시아 정부는 1902년 황인종과 러시아인의 동일 구역 거주를 금지한다. 블라디보스토크, 하바롭스크, 니콜라옙스크(Nikolaevsk na Amure, 과거 한인들은 이곳을 니항尼港이라 불렀다) 등에 동양인 거주 지역을 따로 만들어 관리하겠다는 계획이었다.

• 조계지(租界地)와 조차지(租借地)는 비슷해 보이지만 조금 다른 의미를 지닌다. 조계지는 개항장에 외국인들이 치외법권을 누리며 거주할 수 있는 지역을 말한다. 최초의 조계지는 1845년 상해에 생긴다. 우리나라에서는 1877년 부산에 처음 들어선다. 일본에서는 이를 거류지로 부르기도 했다. 반면 조차지는 유상 또는 무상으로 영토를 빌려 자국의 통치 아래 두는 공간을 말한다. 홍콩이 대표적이다. 조계지와 조차지는 주로 제국주의 열강의 침략 거점으로 활용됐다.

러시아인 지주의 횡포도 심각했다. 그들은 한인들이 2~3년 피땀으로 일군 토지를 강제로 몰수한 뒤, 다시 미개척지로 내모는 일을 예사로 여겼다. 일부 지주들은 소작료를 50퍼센트나 받기도 했다. 러시아 정부의 조치는 방관이었다. 토지가 없거나 소작을 받지 못한 한인 중에는 야쿠티아(Yakutiya, 현 사하공화국) 인근 금광이나 우랄Ural 지역 목재소까지 가 일하는 경우도 생긴다. 1911년 하루 노동으로 러시아인이 1루블 60코페이카를 받을 때, 한인 노동자 임금은 70코페이카에서 1루블 수준이었다.

특히 1905년 극동 지역 총독으로 부임한 운테르베르게르Unterberger는 '황화론黃禍論'에 입각해 한인을 더욱 배척한다. 황화론이란 일본, 중국 등 황색 인종에게 백인이 정복당할지도 모른다는 위기론을 말한다. 이런 인종주의적 시각은 1895년 독일 황제 빌헬름 2세Wilhelm II에 의해 구체화되는데, 이면에는 유럽의 정치적 상황과 자국의 제국주의 확산이란 복잡한 이해가 깔려 있었다. 빌헬름 2세가 황화론을 주장한 이유는 범게르만주의와 범슬라브주의가 충돌하는 과정 속에서 러시아의 팽창을 막기 위한 수단으로도 볼 수 있다. 즉 여기에는 러시아의 관심을 중국과 일본 등으로 돌려 국력을 동북아시아에 집중하도록 유도하려는 숨은 의도가 깔려 있었다.

한인을 바라보는 운테르베르게르의 기본 시각은 한마디로 '불신'으로 요약된다. 그는 한인에게 국적 부여를 중단하고 귀화 한인 국유지 임차 제한, 비귀화 한인 소작지 임차 금지, 연해주 변방 재이주 등의 배척 정책을 추진해 나간다. 여기에 더해 러시아인의 고용 창출을 위해 한인들이 광산 노동자로 일하는 것까지 제한한다. 이로 인해 아무르주와 연해주 일대 광산에서 일하던 한인 7,000여 명이 졸지에 일자리를 잃게 된다. 당시 토지를 소유하지 못한 한인들은 다양한 노동 업에 종사했는데 이 중 광산에서 일하는 사람이 많았다. 1907년 통계에 의하면 한인 광산 노동자 수는 대략 3만 명 정도로 추산된다.

상황은 1910년 12월 19일 곤다티Gondatti 총독이 부임하면서 급변한다. 그는 한인 배척 정책을 폐기하고 광산 노동에서 한인을 우대하는 한편 러시아 귀화 신청 한인에게 모두 국적을 부여한다. 단, 과거 같은 토지 할양 정책은 펼치지 않는다. 광산 노동을 독점하던 중국인을 견제하는 동시에 경술국치 이후 한인의 국적 분쟁을 사전에 차단하려는 조치였다. 이런 정책 기조에는 극동 개발을 위해 한인을 적절히 활용하는 편이 낫다는 이해가 깔려 있었다.

하지만 한인들에 대한 착취와 차별이 일소된 건 아니었다. 러시아 정부는 물론 광산 감독관까지 재판 없이 일정 기간 한인들을 구금할 수 있었고, 심지어 상투를 자르지 않거나 세례를 받지 않는 한인에게 벌금을 물릴 수 있는 권한도 있었다. 게다가 노동자들이 체류허가증(1년)을 받으려면 당시 한인 노동자 한 달 수입에 맞먹는 15~20루블을 지불해야 했다. 연해주 이주는 이런 수모와 억울함을 견뎌야 하는 삶이었다.

2

연추

아득한 그날의 현장

질곡의 세월을 지나 현장은 어떻게 변했을까. 그 흔적을 좇아가는 여정의 시작은 블라디보스토크 아르세니예프 국제공항이 되어야 하지만, 조상들의 발자국을 따라 작업 순서를 재배치했다. 이번 여정에는 블라디보스토크에서 선교사로 활동하는 최지마 목사가 도움을 주었다. 그는 중앙아시아에서 태어난 한인 3세로 한국말이 유창했다. 이야기는 블라디보스토크에서 일명 '통곡의 역'으로 불리는 강제 이주 현장 라즈돌리노예Razdolnoye역을 거쳐 조상들이 '연추'라 이름 지은 크라스키노 가는 길에서 시작된다.

최 목사의 차가 낮은 산등성이를 따라 연하게 휘어 돌아가며 쭉 뻗은 길을 달린다. 풍경은 변화 없이 단조로웠다. 이 길은 19세기 후반 러시아가 군사용으로 만들면서 생겨났는데, 쑤이펀허(라즈돌리노예

크라스키노 가는 길

강)를 끼고 국경까지 이어진다. 다소 지루한 길을 달리다 바라바시Barabash 휴게소를 만났다. 과거 한인 마을이 있던 곳인데 조상들은 여길 '멍구가이' 또는 '맹고개'라 불렀다. 이곳에서 잠시 쉬었다 다시 차를 몰아 달렸다. 크라스키노에 도착한 건 블라디보스토크를 출발한 지 네 시간 만이었다.

첫 번째 방문지는 크라스키노 전망대였다. 사방이 탁 트인 산꼭대기에는 '하산의 영웅' 동상이 서 있다. 이 동상은 1936년 일본군과의 전투에서 영웅적으로 전사한 크라스킨 중위 등을 기리기 위해 세워졌다. 이곳의 지명은 원래 노보키예프스크Novokievsk였는데, 1937년 한인 강제 이주 이후 크라스킨 중위의 이름을 따 크라스키노라 이름 붙여진다.

제일 먼저 조상들이 살았던 옛 연추를 그려보고 싶었다. 연추 전경이 파노라마처럼 펼쳐지는 이곳에서 아득한 이야기의 현장을 하나씩 확인했다. 서쪽으로 아스라이 두만강 하구와 동해가 손에 잡힐 듯하고 멀리 발해 염주 성터가 아렴풋했다. 동쪽 지신허 방향은 낮은 구릉이 굽이굽이 뻗어나가는 풍경이었다. 360도 돌아가는 장쾌한 선경 앞에 잠시 그날을 떠올려 본다. 노을이 지면 옹기종기 자리 잡은 초가집 굴뚝에서 어김없이 하얀 연기를 사리사리 피어 올렸을, 땅거미 깔리고 어둠이 짙어지면 '멍멍' 소리 골목을 울렸을, 여명이 터오면 장닭의 우렁찬 울음에 잠 묻은 눈 비비며 다시 하루를 맞았을, 또 은밀히 소식을 주고받으며 뜨겁게 시국을 논했을, 왠지 지금도 그들이 저기 어디쯤엔가 살고 있을 것 같은 아득한 상상. 그러던 1908년 봄, 최재형, 이범윤(1856~1940), 이위종(1887~미상) 등이 독립운동 단체 동의회同義會를 연추에서 조직한다. 그해 여름 안중근은 동의회 의병 우영장으로 국내 진공작전에 나선다. 그가 건넌 두만강 어귀는 저 풍경 속 어디쯤일까.

갈바람이 불어왔다. 억새들이 하늘하늘 춤을 추기 시작한다. 새품 위에 내려앉은 햇살이 마치 전등을 밝히듯 사위를 환하게 한다. 주거니 받거니 이번엔 동풍이 분다. 억새들이 일제히 군무를 시작한다. 조금 세기가 있는 바람인가 보다. 가분가분 일사불란한 춤사위에 전망대를 내려가는 일이 자꾸 더뎌진다. 그 덕에 감감한 물마루에서부터 최재형의 본거지 연추까지를 조금 더 먼산바라기 해본다.

크라스키노 전망대

'페치카'라 불리던 사나이, 최재형

러시아 통계 자료에 따르면 1907년 연해주 거주 한인 수는 4만 6,000여 명이었다. 1914년경에는 8만 4,000여 명까지 늘어난다. 미등록 한인까지 포함하면 10만여 명 정도가 이 지역에 거주하고 있었던 것으로 보인다. 이 중 원호는 2만 명 정도였다.

최재형은 경제력을 바탕으로 한인 사회에 영향력을 미친 대표 러시아 귀화자였다. 그는 엄청난 부를 일군 상인이었고, 한인들의 친구이자 동지였다. 그리고 엄혹한 시기 연해주 독립운동의 상징이었다. 그의 별명은 페치카Pechka였다. 이는 러시아, 만주 등 추운 지방에서 쓰는 난방 장치로 돌, 벽돌, 진흙 따위로 만든 난로를 의미한다. 난로라 불리던 그는 어떤 사람이었을까.

최재형은 1860년 함경북도 경원에서 노비와 기생 사이에서 태어난다. 먹고살기가 힘들었던 그의 가족은 최재형이 아홉 살 때 지신허에 정착한다. 이주 이듬해 마을 인근에 러시아 정교회 학교가 처음 세워진다. 최재형은 러시아 학교에 입학한 첫 번째 한인이었다. 당시 한인들은 자녀를 러시아 학교에 보내는 걸 선호하지 않았다. 하지만 최재형의 집안은 형편상 그런 걸 따질 처지가 못 됐다.

학교에 입학해 1년이 지난 1871년 최재형은 가난과 형수의 구박을 못 이기고 가출을 감행한다. 비칠비칠 걸어 포시예트 항구까지 걸어간 그는 그만 길에서 정신을 놓는다. 다행히 무역선 빅토리아호 선장이 길가에 쓰러져 있던 최재형을 발견한다. 그는 선장 집에서 심신의 안정을 되찾으며 어린 선원으로 새로운 삶을 준비한다. 열두 살 되던 해 최재형은 '표트르 세묘노비치 최'란 러시아식 이름을 가진 무역선 선원이 된다. 6년간 일본·중국·필리핀·싱가포르·인도·탄자니아·남아프리카공화국·포르투갈·프랑스·네덜란드를 거쳐 네바강을 거슬러 러시아 상트페테르부르크까지 이어지는 뱃길을 두 차례나 왕복한다. 값진 경험을 하고 어엿한 성인이 돼 연해주로 돌아온 최재형은 블라디보스토크에서 4년간 상사 직원으로 일하며 인맥을 쌓아나간다. 그런 뒤 지신허로 돌아가 가족과 상봉한다. 집을 나간 지 10년 만의 일이었다.

당시 러시아는 연해주에 군사력을 증강하고 있었다. 블라디보스토크~라즈돌리노예~연추 간 군사 도로가 건설되기 시작한다. 최재형은 유창한 러시아어 실력 덕에 통역을 맡게 된다. 1884년에는 군사 300명을 통솔해 맹고개~연추 구간 도로 건설 책임자로 일한다. 그러면서 한인 노동자들의 어려움을 대변한다. 당시는 통역들이 중간에서 사리사욕을 채우기 바쁘던 시절이었다. '아령실기'에는 "통역관들이 동포에게 이익을 준 것이 10분이라면, 해독을 끼친 것이 100분"이라고 적혀 있다. 하지만 최재형은 달랐다. 차별적이고 불합리한 임금을 조정하는 등 처지가 어려운 동포 편에서 그들의 권익을 보호하고자 노력했다. 러시아 정부는 1888년 그에게 첫 번째 훈장을 수여한다.

그렇게 10년을 일하면서 최재형은 두터운 신임을 얻게 되고, 1893년 연추 도헌都憲에 임명된다. 도헌은 현재 면장 내지는 군수에 해당하는 직책이다. 그의 나이 서른두 살 때 일이다. 최재형은 평소 교육 사업에 남다른 관심을 갖고 있었는데, 도헌이 된 뒤 서른두 개 한인 마을에 소학교를 세우며 교육 사업에 열을 올린다. 심지어 도헌 월급 모두를 장학금으로 출연(3,000루블), 그 이자로 매년 우수 학생을 선발해 유학을 보낸다. 그는 1896년 5월 상트페테르부르크에서 열린 니콜라이 2세Nicholas II 황제 취임식에 참석 예복을 하사받는 최고 명예까지 얻는다. 전해지는 이야기에 따르면 당시 연추의 한인 집 안에는 최재형의 초상이 붙어 있을 정도였다.

이 시기 러시아는 극동 지역 진출에 한층 박차를 가하며 해군과 육군의 군사력을 지속적으로 강화한다. 최재형은 이때를 놓치지 않고 극동함대사령부 식료품 납품권을 따낸다. 당시 러시아인들이 소비하는 대부분의 육류는 조선이나 중국에서 수입한 것들이었다. 그는 여기에 머물지 않고 농업·축산업·건축업 등으로 사업을 확장해 나간다. 필요한 일손은 동포들의 몫이 된다. 최재형은 연해주에서도 러시아 군인이 선호하는 농작물 재배가 가능할 거라 보고 동포들에게 크림반도에서 가져온 장과(漿果, 과육 부분에 수분이 많고, 연한 조직으로 돼 있는 열매로, 딸기·포도·무화과 등이 여기 속한다) 식물 재배를 독려한다. 포시예트가 크림반도와 같은 위도란 점에 착안한 아이디어였다. 선원 생활을 통해 얻은 경험과 안목이 빛을 발하는 순간이었다. 여기에 더해 동포들에게 가축 사육을 권장하며 소고기와 우유 생산을 독려하는 한편 연어잡이 등 계절 어업을 장려해 나간다. 이런 그의 노력은 한인 사회 안정과 직결되는 일이었다. 시기적으로도 1900년, 1904년 중국 의화단 사건*, 러일 전쟁이 연이어 터지며 연해주 지역 한인들에게 경제적 기회가 된다. 최봉준, 한익성 등이 이때 러시아군에 물품을 납품하며 사업을 일으킨 대표 인물이다.

이 무렵 최재형은 러시아의 러일 전쟁 패전과 일본이 불법적으로 맺은 을사늑약으로 큰 충격에 빠진다. 1905년 말 그는 갑신정변 뒤 일본에 머물고 있던 박영효(1861~1939)의 초청을 받아 6개월간 일본에서 세계정세 흐름을 몸으로 느끼며 조국의 운명과 독립운동을 다시

* 1899년 11월 2일부터 1901년 9월 7일까지 청나라 말기에 산둥, 화북 지역에서 의화단(義和團)이 일으킨 외세 배척 운동을 말한다. 하지만 운동이라고 하기에는 외국인들의 피해가 참혹할 정도였다. 이 과정에서 청나라는 1900년 6월 의화단에 대한 지지를 표명한다. 이에 미국 등 여덟 개 연합군이 베이징을 공격하기에 이른다. 결국 청나라는 막대한 배상금을 물고 더욱 힘을 잃게 된다.

금 되짚는다. 연해주로 돌아온 최재형은 간도관리사 이범윤* 등과 함께 국권 회복을 위해 의병 모집에 앞장선다. 그러던 1907년 대한제국 특사가 헤이그에 파견되고, 이 일로 고종이 강제 폐위된다. 일제는 1907년 7월 24일 일본 관리 임명권 등을 내용으로 하는 한일신협약韓日新協約을 체결한다. 이 협약을 '정미 7조약'이라 부른다.

대한제국 군대가 강제 해산되고 전국 각지에서 의병이 일어난다. 1908년 3월 23일 미국 샌프란시스코에서 있었던 장인환·전명운 의거 소식은 거병 분위기를 한껏 고조시킨다. 연해주도 구국救國에 대한 열망으로 달아오른다. 러시아 상트페테르부르크에 머물고 있던 전 러시아 공사 이범진(1852~1911)은 독립자금을 내주며 아들 이위종을 연추로 보낸다. 당시 이위종은 러시아 귀족인 장인 노리겐 백작과 동행하는데, 이는 극동 러시아 당국을 깜짝 놀라게 한 사건이었다. 입장이 난처해진 러시아 정부는 일본을 자극할 수 있는 한인들의 움직임을 예의 주시한다.

1908년 4월 최재형의 집에 수백 명이 운집한 가운데 연추 의병, 동의회가 창설된다. 자금은 최재형이 1만 3,000루블을, 이범진이 1만 루블을 각각 내고, 각지에서 6,000루블이 모금됐다. 당시는 노동자 한 달 월급이 15루블 정도 하던 시기였다. 특히 최재형은 동의회 창립 자금을 가장 많이 낸 수준이 아닌, 조직 운영·활동에 드는 비용과 의

* 대한제국은 1900년 즈음 간도 지역 거주민 수가 6~7만 명에 이르자, 이 지역 백성들을 보호·관리하기 위해 1902년 이범윤을 간도 시찰원으로 파견하고, 이듬해 간도 관리사로 임명한다.

병들을 입히고 먹이는 일까지 거의 모든 부분에 관여한 것으로 보인다. 무엇보다 무기 구입과 운반에서 중요한 역할을 했는데, 그간 쌓아온 인맥을 활용해 합법, 비합법 가리지 않고 모신나강Mosin-Nagant 소총 등을 확보해 나간다. 당시 연추에서는 마적대 습격에 대비해 민간인의 총기 소유가 가능했고, 사실상 무기 거래가 자유롭게 이뤄지고 있었다. 블라디보스토크에 본점을 둔 총기점 '쿤스트 앤드 알베르스Kunst and Albers' 연추 지점도 운영되고 있었다.

이 무렵 러일 전쟁에서 패한 러시아는 한인들의 독립운동을 제지하라는 일본의 지속적 압박에 시달린다. 이에 이위종이 추방되고, 이범윤에게는 현상금이 걸린다. 최재형도 대놓고 의병을 지원하지 못하게 된다. 하지만 그는 비밀리에 군자금을 모으고 의병 훈련을 지원해 나간다. 상황이 이렇게 되자 러시아 정부는 1909년 1월 최재형의 본거지 연추를 수색해 무기류를 압수하고 병력 해산을 명령한다.

독립운동에 대한 최재형의 노력은 1909년 1월 31일 〈대동공보大東共報〉 사장 취임으로 이어진다. 재정이 어려워 제대로 발행되지 못하고 있던 한인 신문을 살려보기 위한 시도였다. 다행히 신문은 3월 3일부터 재발행된다. 〈해조신문〉 뒤를 이은 〈대동공보〉는 블라디보스토크 거주 동포들이 1908년 11월 18일 창간, 1910년 9월 1일까지 약 2년 동안 한글로 발행(주 2회)한 민족지로, 발행 부수는 1,500부 정도였다. 특히 이 신문사는 안중근의 하얼빈 의거를 배후에서 도운 것으로 알려져 있다. 이 밖에도 최재형은 권업회勸業會 회장을 역임했으며, 상해 임시정부 재무총장에 선임되기도 한다.

마패를 든
이범윤

이범윤은 흥선대원군의 신임을 받던 포도대장 이경하(1811~1891)의 자식으로 그의 이복형은 초대 러시아 공사 이범진이다. 헤이그 특사 이위종은 그의 조카가 된다. 이범윤은 1903년 간도관리사에 임명되는데, 러일 전쟁이 발발하자 1,000여 명 규모의 사병조직 사포대(私砲隊, 충의대라고도 부른다)를 이끌고 함경도 국경 일대에서 러시아(안시모프 장군 휘하)와 함께 일본에 맞서 싸운다. 전쟁이 끝나자 따르던 병사들과 함께 훈춘을 거쳐 연추로 이동한다. 그곳에서 이범윤은 최재형의 식객으로 머물며 여러 지원을 받는데, 이때 의병을 일으키기 위해 안시모프 장군을 찾아가 러일 전쟁 뒤 한인 병사들에게 압수한 무기를 돌려달라고 청한다. 하지만 안시모프 장군은 일본과 포츠머스 조약Treaty of Portsmouth을 체결해 공식적으로 무기 지원이 불가능하다고 답한다. 이 조약은 1905년 9월 미국 뉴햄프셔주 작은 군항 도시에서 러시아와 일본이 러일 전쟁 종결을 위해 맺은 강화 조약을 말한다. 일본은 포츠머스 조약으로 미국, 영국에 이어 러시아로부터 대한제국의 식민지 지배에 대해 동의를 얻어낸다. 1907년 러시아와 일본은 러일 협약을 체결하고 북만주와 외몽고, 남만주와 대한제국을 각각 세력권 안에 두기로 상호 인정한다.

그러던 중 연추에서 동의회가 창립된다. 이때 웃지 못할 해프닝이 만들어진다. 일본 기밀 문서에 따르면 동의회 창립식 때 투표에 의해 임원을 선출하는데, 최종 결과는 총재 최재형, 부총재 이범윤, 회장 이위종, 부회장 엄인섭(1875~1936, 최재형의 외조카), 서기 백규삼 등이었다. 그런데 당초 결과는 이위종이 삼촌 이범윤을 한 표 차로 따돌리고 부총재가 되는 상황이었다. 도저히 결과를 받아들일 수 없었던 이범윤이 버럭 화를 내고, 입장이 난처해진 이위종이 삼촌을 달래며 부총재직을 양보했다고 한다.

이범윤 관련 일화는 또 있다. 그는 최재형과의 첫 대면에서 고종이 하사한 마패를 내보이며 지위로 상대를 억누르는 모습을 보였다고 한다. 이런 장면은 이범윤의 성품을 대략 추측케 하는데, 처음부터 조선 황실의 피가 흐르는 자신과 최재형을 동격으로 볼 수 없다고 생각한 것 같다. 불행하게도 이범윤과 최재형의 미묘한 신경전은 봉합될 기미 없이 악화일로를 겪게 된다. 먼저 동의회 창립 직후 이범윤 측 김찬오가 100여 명의 부하를 이끌고 동의회 무기고를 습격해 총기류 83정을 강탈하는 사건이 터진다. 이에 대해 이범윤은 고종의 뜻을 받들어 일을 도모했다고 주장한다. 최재형 측에서 보복 의견이 나온다. 분위기가 심상치 않게 돌아가자 이위종이 중재에 나서며 사라진 총을 재구매하는 선에서 타협점을 찾는다. 감정의 골은 동의회 의병 활동이 사실상 실패로 돌아가면서 더욱 격화된다. 이범윤 측이 최재형의 집에 몰래 잠입해 김기룡*을 살인 미수하는 사건을 일으킨다. 최재형은 이를 러시아 관헌에 고발한다. 이범윤의 부하 여덟 명이 체포된다. 사태는 이범윤 측이 최재형 제거 계획을 세우며 최악으로 치닫는다. 실제로 1909년 1월 16일 최재형이 총탄에 맞는 불상사가 발생한다. 이 일로 이범윤과 최재형은 돌아올 수 없는 강을 건넌다.

두 세력 간 갈등은 모금된 군자금을 최재형이 자신의 사업을 위해 유용한다는 이범윤 측 의심과 최재형의 외조카 엄인섭이 저지른 무분별한 일본인 살해, 재산 약탈 등이 도마에 오르며 격화된다. 일부에서는 갈등의 원인을 조선 황실의 피가 흐르는 이범윤과 최재형의 신분 차이에서 비롯된 것으로 분석하기도 한다.

* 안중근과 동의 단지회를 조직한 독립운동가.

안중근의 마지막 가출家出

안중근이 마지막으로 집을 나선 건 1907년 가을경이다. 이때 대한제국은 마치 태풍 앞에 호롱불 같은 처지였다. 안중근의 가출은 어떻게 해서든 꺼져가는 불씨를 살려보려 했던 애국의 길이었다. 그 길 끝에 서슬 퍼런 단두대가 기다리고 있을지언정 그는 주저하지 않을 사람이었다.

처자식과 어머니를 뒤로하고 안중근은 고향을 떠나 북간도로 향한다. 그곳에서 시간을 보낸 후 훈춘을 경유해 연추를 거쳐 포시예트에서 배를 타고 블라디보스토크로 간다. 안중근은 한인 청년회에 가입해 임시 사찰에 임명된다. 그리고 연추에 머물고 있던 이범윤을 찾아가 거병을 제안한다. 이범윤은 자금과 사람이 없다며 난처해한다. 안중근은 연해주 동포 마을을 순회하며 거병 당위성을 설파하고 의

연금 지원을 호소한다. 당시 이 같은 행동을 같이한 모임은 '87형제'란 비밀결사 조직이었다. 이 조직에서 안중근은 엄인섭, 김기룡 등과 의형제를 맺는다. 하얼빈 의거를 함께한 우덕순도 이때 연이 된다. 안중근은 1908년 3월 다시 블라디보스토크로 돌아온다.

'해삼위 조선인 신문'이란 뜻의 〈해조신문〉이 이즈음 창간된다. 안중근은 이 신문에 '인심단합론' 또는 '인심결합론'으로 불리는 기고문을 실어 민족 통합과 의병 모집의 중요성을 역설한다. 그리고 한 달 뒤 동의회가 창립된다.

〈해조신문〉에 대해 부연하자면 국외 발행 최초 순 한글 신문으로 1908년 2월 26일 블라디보스토크에서 창간되는데, 〈황성신문皇城新聞〉의 시일야방성대곡是日也放聲大哭으로 이름난 장지연을 주필로 초빙해 격렬한 항일 논조로 일제를 비판해 나간다. 당연히 일제는 눈엣가시 같던 이 신문을 폐간시키기 위해 안간힘을 쓴다. 이런 압박에 운영자금을 대던 최봉준의 무역업이 타격을 입게 되고 1908년 5월 26일 75호를 끝으로 폐간의 아픔을 겪는다.

안중근과 동지들은 1908년 6월 13일부터 지신허에 있던 엄인섭 집에서 국내 진공작전 준비에 본격 돌입한다. 일본 측 자료에 따르면 당시 병력 규모는 360여 명 정도였다. 지신허의 김운경이란 사람이 매일 소 한 마리씩을 잡아 의병을 먹였다고 한다. 안중근이 우영장, 엄인섭이 좌영장을 맡은 동의회 의병은 지신허를 출발해 1908년 7월 4일 저녁 어둠 속에 몸을 숨기고 두만강을 건넌다. 이들은 함경북도 경흥

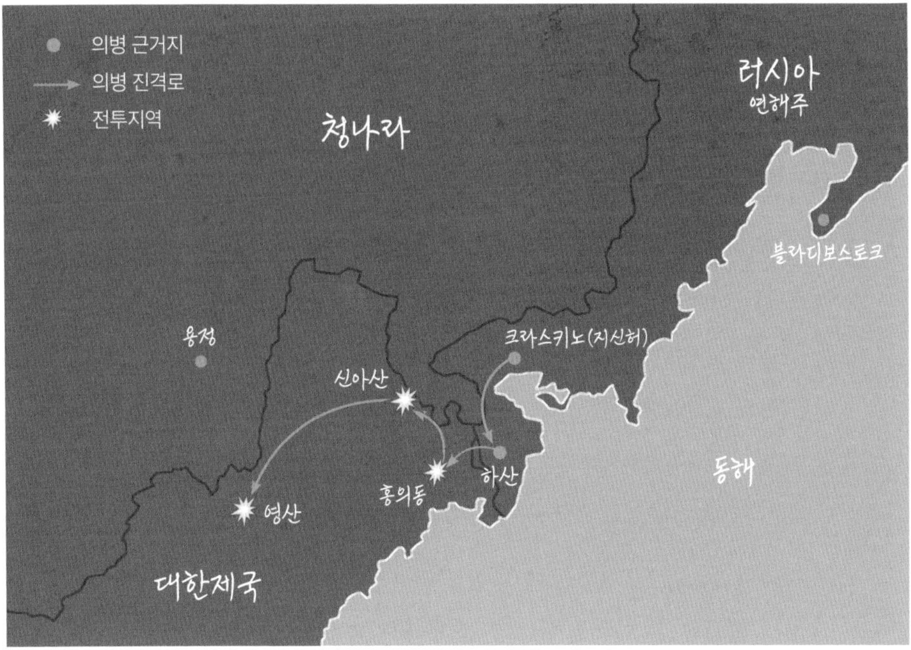
의병 근거지
의병 진격로
전투지역
청나라
러시아
연해주
블라디보스토크
용정
크라스키노(지신허)
신아산
하산
홍의동
영산
동해
대한제국

동의회 진공작전 개념도

군 홍의동 전투에서 첫 전과를 올린다. 이 과정에서 안중근은 만국공법(국제법)에 따라 일본군 포로를 풀어주는데, 여기에 불만을 가진 엄인섭이 휘하 병사를 데리고 조직을 이탈해 연추로 방향을 잡는다. 엄인섭 부대는 일본군과 전투를 벌이며 복귀하던 중 두만강변 서수라에 살던 일본인 어부의 재산을 강탈하고, 웅기의 일본인 상인까지 약탈한다. 그 사이 안중근 휘하 의병들은 신아산에서 승리하며 기세를 올린다. 하지만 결국 풀어준 포로가 부메랑이 돼 회령군 영산靈山 전투에서 대패하고 만다. 의병은 모두 뿔뿔이 흩어지고 안중근도 산속을 헤매는 처량한 신세가 된다.

한편 계봉우는 안정근(안중근의 첫째 동생)이 제공한 자료를 가지고 1914년 6월부터 2개월간 〈권업신문〉*에 '만고의사 안중근전'을 연재한 바 있다. 그는 안중근이 연추로 돌아갈 때 내용을 아래와 같이 적었다.

> 우덕순 등 몇 사람으로 더불어 손을 붙들고 아령으로 돌아올 새 공의 그때의 정황을 어찌 차마 말하리까. 먹지 못한 것이 며칠이요, 자지 못한 것이 며칠이요. 두만강을 건너오기 전 열이틀 동안 밥을 먹은 것이 겨우 두 번이라. 우덕순은 일병에게 생금되고 공이 혼자 연추에 돌아오니 몸에 걸친 것이 다 썩어서 얼어지고 기력이 이미 진한 고로 한 달 동안 치료하였더라.

안중근은 죽을 고비를 넘기며 천신만고 끝에 연추로 복귀한다. 사람들은 처음에 그가 누구인지 알아보지 못했다고 한다. 한동안 몸을 추스른 안중근은 블라디보스토크로 간다. 동포들은 환영회를 연다. 안중근은 패한 장수가 무슨 환영을 받겠냐며 고개를 떨구고, 동포들은 이기고 지는 건 군인에게 늘 있는 일인데 무엇이 부끄럽냐며 위로한다. 절치부심 안중근은 1908년 11월 수청을 경유해 하바롭스크를 거쳐 아무르주 사만리(沙滿里 또는 四萬里)까지 동포 사회를 순회한다. 이 마을은 러시아가 1871년 한인들을 이주시킨 블라고슬로벤노예Blagoslovennoye를 뜻하는데, 이곳은 한인들의 러시아화를 위해 조성한 최초 마을로 기록돼 있다.

이 여정에 대해 안중근의 자서전《안응칠 역사安應七 歷史》*는 교육에 힘쓰도록 권장하고 단체를 조직하도록 했다고 기록하고 있다. 하지만 안중근은 동포들의 싸늘한 시선을 받으며 별 소득 없이 발길을 돌려야 했다. 이는 극동 러시아 정부의 의병 활동 제지와 최재형에 대한 압박, 여기에 의병 세력 내 갈등 등이 겹친 결과로 보인다.

수청으로 돌아온 그는 친일 단체 일진회一進會 일당들에게 둘러싸여 집단 구타 당하는 수모를 겪는다. 괴한들은 안중근을 납치한 뒤 나라에서 금한 의병 활동을 왜 하냐며 목숨을 위협했다고 한다. 이

* 하얼빈 의거 뒤 여순 감옥에서 1909년 12월 13일부터 이듬해 3월 15일까지 작성한 옥중 수기. 인터넷에 떠도는 안중근 관련 정보 중 본명을 '응칠'로 설명하는 경우가 더러 있다. 여순 감옥에서 안중근이 작성한《안응칠 역사》에서 그는 응칠은 자(字)이고 중근은 본명이라 분명히 밝히고 있다. 응칠은 안중근의 아명으로 알려져 있지만 본래 자는 남자가 성인이 됐을 때 붙이는 이름으로 주로 본명 외에 부르는 호칭, 즉 이명을 말한다. 한편 안중근은 어릴 적부터 사용한 이름이 더 익숙했는지 연해주에서 응칠로 자신을 소개하고, 그렇게 불렸다.

일로 몸과 마음이 상한 그는 그해 겨울 수청에서 몸을 돌본 뒤, 이듬해 초 연추로 돌아간다. 이 한인 사회 순방은 안중근에게는 재기를 노린 발걸음이었지만, 안타깝게도 연해주 의병 활동은 경술국치 전까지 침체기에 들어간다.

단지, 단지는 단지가 아니다

아래 글은 《안응칠 역사》 중 수청에서 일진회의 공격을 받은 뒤 살아 돌아온 심정과 단지까지의 일을 적은 내용이다.

> 이때, 나는 죽음에서 벗어나서 친구의 집을 방문하여 상처 입은 곳을 치료하고 그 겨울을 보냈다. 그 이듬해 정월(이때는 곧 기유년 1909년이었다), 얀치혜 방면으로 돌아와서 동지 열두 명과 상의하여 말했다. "우리는 전후에 일을 이룬 것이 전혀 없었으니 다른 사람의 비웃음을 면하기 어려울 뿐만 아니라, 만약 특별한 단체가 없다면 어떤 일을 막론하고 목적을 이루기 어려울 것입니다. 오늘 우리가 손가락을 끊어 맹세를 같이하여 자취를 표시하여 기록한 뒤에, 한마음으로 똘똘 뭉쳐 나라를 위해 몸을 바치고 목적을 이루기를 기약하는 것

이 어떻겠습니까?"

무리가 모두 승낙하고 말을 따랐다.

1909년 3월 연추의 눈 덮인 자작나무 숲. 이곳에서 동지 열두 명은 단지로 혈맹을 맺는다. 그리고 태극 모양이 그려진 천 사방에 '大韓獨立(대한독립)'이라고 혈서를 쓴다. 이것이 영화 〈영웅〉의 첫 장면이다. 하지만 이 신Scene의 공간은 영화적 상상력의 산물이다. 역사학계에서는 아직도 단지동맹 단원 열두 명 모두의 신원을 밝혀내지 못했다. 시기가 2월이었는지 3월이었는지도 확실치 않다. 베일에 싸여 있는 진실은 무엇일까. 크라스키노 전망대에서 단지동맹 기념비로 가는 길은 이런 물음의 시간이었다.

드넓은 벌판이 서쪽을 향해 내달리는 풍경을 보며 차를 몰았다. 멀리 담묵색 동해는 적요했고 국경으로 나 있는 길은 한담을 나누기 좋았다. 드문드문 지나가는 자동차만 아니라면 모든 게 정지돼 있는 듯한 모습이었다. 두만강변 국경 도시 하산으로 내려가는 길목 먼발치 단지동맹비가 아물거렸다. 제법 잘 정비된 공간, 우뚝 솟은 검푸른 단지동맹비와 안중근이 법정에서 열거한 이토 히로부미의 죄목을 의미하는 열다섯 개 돌이 가지런했다. 안중근은 하얼빈 의거 후 일본 관동도독부 검찰관 미조부치 다카오에게 신문을 받으며 이토 히로부미의 죄를 열거한다. 열다섯 개 죄목은 아래와 같다.

제1 대한제국 민 황후를 시해한 죄요.

제2 대한제국 황제를 폐위시킨 죄요.

제3 5조약과 7조약을 강제로 체결한 죄요.

제4 무고한 대한인들을 학살한 죄요.

제5 국권을 강탈한 죄요.

제6 철도, 광산, 산림, 천택권을 강제로 빼앗은 죄요.

제7 제일은행권 지폐를 강제로 사용하게 한 죄요.

제8 대한제국 군대를 해산시킨 죄요.

제9 교육을 방해한 죄요.

제10 대한인들의 외국유학을 금지시킨 죄요.

제11 교과서를 압수하여 불태워 버린 죄요.

제12 대한인이 스스로 일본인의 보호를 받고자 한다고 세계에 거짓말을 퍼뜨린 죄요.

제13 대한제국과 일본 사이에 분쟁이 쉬지 않고 살육이 끊이지 않는데, 대한제국이 태평무사한 것처럼 위로 천황을 속인 죄요.

제14 동양평화를 깨뜨린 죄요.

제15 일본 천황폐하의 아버지 태황제를 죽인 죄요.

카메라 장비를 챙겨 물방울 모양 기념비 앞에 섰다. 이는 단지동맹원이 흘린 핏방울을 상징한다. 기념비문은 아래와 같다.

1909년 2월 7일 안중근 의사를 비롯한 결사동지 김기용, 백규삼,

단지동맹 기념비 일원

황병길, 조응순, 강순기, 강창두, 정원주, 박봉석, 유치홍, 김백춘, 김천화 등 12인은 이곳 크라스키노(연추하리) 마을에서 조국의 독립과 동양의 평화를 위하여 단지동맹하다. 이들은 태극기를 펼쳐 놓고 각기 왼손 무명지를 잘라 생동하는 선혈로 대한독립이라 쓰고 대한민국 만세를 삼창하다.

동의 단지회, 즉 단지동맹의 시기는 정확히 언제일까. 비문처럼 2월 7일(양력 2월 26일)이었을까. 일제 첩보 보고에는 3월 2일로 기록돼 있다. 그렇다면 단지가 두 번에 걸쳐 이뤄졌을 가능성은 없는건가. 비문에 쓰인 이름 앞 두 명은 가장 먼저 안중근과 함께 단지한 단원들이다. 김기룡은 안중근과 의형제를 맺은 동지였으며 백규삼은 단지동맹 유품을 안정근에 전달해 준 인물이다. 나머지 단원은 안중근이 실명을 숨겨 면면을 추적하는 게 쉽지 않게 돼버렸다. 단지 장소는 연추하리(아랫마을) 김 씨가 운영하던 여관이라고 전해진다. 당시 하리는 교회, 학교, 면사무소가 있던 마을 중심이었다. 단지 장소가 최재형의 집 창고란 이야기도 있다. 단지에 사용된 도구는 영화에서처럼 칼을 사용하진 않은 것으로 보인다. 통나무 토막 목데기 위에 손가락을 놓고 까뀌(조막도끼)로 마디를 절단하는 상상이 진실에 조금 더 가깝다.

신체를 훼손하면서까지 맹세한 그 행위는 무엇을 의미할까. 공자 또는 그의 제자가 쓴 것으로 알려져 있는 효도 경전 〈효경孝經〉 첫머리에는 '신체발부 수지부모身體髮膚 受之父母'란 말이 나온다. 부모에게 받은 몸을 잘 보존하는 게 효의 첫걸음이란 뜻이다. 단지동맹을 맺은 사람들은 그것을 몰랐을까. 단지는 머리카락을 잘라내는 '단발'과는 다른 차원이다. 피를 봐야 하고 극심한 고통을 감내하는 일이다. 그리고 생채기를 평생 눈으로 보고 살아야 한다. 그렇다면 단지는 효의 실천보다 나라의 존립이 우선돼야 한다는 의미 아닐까. 그것은 효를 사사로운 감정으로 밀어내, 그 자리에 독립이란 두 글자를 채우는 일이다. 손가락을 끊어내는 회맹은 그들을 얼마나 벅차오르게 만들었을까. 부모도 자신도 버려야 도달할 수 있는 완전무결한 순수의 경지 아니었을까. 어쩌면 그들은 단지 순간 완벽한 고요와 평안 속에서 시공간을 뛰어넘어 그 어떤 고통도, 그 어떤 번뇌도 느끼지 못하는 초월자가 돼버렸는지도 모르겠다. 그것은 민족의 안다미를 짊어지겠다는 거룩함이자 고귀함의 징표다. 그래서 단지, 단지는 단지가 아니다.

사진 속

코드

높이 4미터, 폭 1미터 검푸른 빛 단지동맹비 앞에 섰다. 서쪽을 향해 서 있는 안중근의 단지 인장이 또렷했다. 사광이 육중한 돌덩어리에 입체감을 만들어 내는 시간대였다. 촬영 답사 없이 괜찮은 시간대를 고른 것 같았다. 손속이 좋은 날이었다. 배낭을 내려놓고 필요한 장비를 꺼냈다. 렌즈는 50밀리미터를 골랐다. 육안과 가장 비슷한 화각을 가진 렌즈다. 그래서 가장 왜곡이 적은 이미지를 만들어 낸다. 있는 그대로 피사체에만 집중하고 싶을 때 자주 손이 가는 렌즈다.

삼각대를 받치고 그 위에 카메라를 올렸다. 볼 헤드를 상하좌우로 세밀하게 조정하고 고정 레버를 끝까지 돌려 잠갔다. 조리개를 개방해 빛을 최대한 받아들였다. 뷰파인더 안에서 셔터 속도를 가리키는 붉은 숫자가 깜빡이며 과노출을 알렸다. 감도를 최대한 낮췄다. 다시 앵글과 비석을 번갈아 바라보며 구도를 한 번 더 확인했다. 어딘가 모르게 대상이 주는 힘이 약했다. 삼각대를 들고 한 발 더 다가가 앵글 안에 비석을 조금 더 크게 채워 넣었다. 오른쪽 눈에 뷰파인더를 가져다 대고 최종 점검을 했다. 검지로 살며시 셔터를 눌렀다.

육중한 돌덩어리는 온전히 담기지 못했다. 이제 이 사진을 통해 단지동맹비 그 자체의 정보를 파악하는 건 불가능하게 돼버렸다. 보기에 따라 정보가 의도적으로 지워진 조금 불친절한 사진이라고 해야 하나. 그렇다고 얻은 게 전혀 없는 건 아니다. 사진 속 단지 인장은 조리개 최대 개방으로 배경과 분리됐다. 그 덕에 사진 전반에 흐르는 비현실적 분위기 속에서 시선이 안중근 인장에 모아진다. 이런 원경과 전경 분리는 육중한 돌덩어리를 다른 차원으로 옮겨 놓은 듯한 느낌마저 들게 한다. 반면 초점이 흐려진 배경은 아무것도 지시하지 않는 것처럼 보이며 상대적으로 주목도가 떨어진다. 그렇다고 안중근 인장을 부각시키기 위해 희생된 배경이 전혀 무의미한 건 아니다. 그 흐릿해진 배경은 발해 염주성이 지척인 곳이다. 과거 이곳은 분명 발해 땅이었다. 이 대목에서 배경 분리는 또 다른 이야기로 이어진다. 잘 맞은 초점과 거기서 점점 멀어지는 공간 구성은 발해부터 독립운동까지의 시간적 재현이 된다. 이 사진이 숨겨 놓은 또 하나의 코드다.

이처럼 대상 일부를 잘라내면서까지 시선을 한 곳에 모은 의도는 이 사진이 역사적 실체와 교감하는 통로가 되길 바랐기 때문이다. 달리 표현하면 재현이 아닌 연상이 용도다. 이는 사진가의 계산된 소망이

다. 전체를 제시하는 사진은 자칫 수다스럽게 보일 수 있다. 게다가 풍경 사진의 틀 안에 갇혀버리기 일쑤다. 한 장의 사진은 누군가의 의식을 품고 있다. 그래서 사진은 누군가의 지문이기도 하다, 저 인장처럼. 사진가의 시선은 있는 그대로를 찍어내면서 있는 그대로를 찍지 않는 데 닿아 있어야 한다. 그것이 사실이면서 창작이다.

원조

코리아 타운

생을 담보로 강을 넘어 고향을 등졌을 뿐, 그들은 조선 사람들이었다. 버릴 순 있어도 바꿀 수 없는 게 있었다.

단지동맹비를 뒤로하고 시쳇말로 코리아 타운이라 해도 과언이 아니었던 포시예트 항구로 향했다. 조상들이 목허우라 불렀던 포시예트 항구는 두만강 하구에서 20킬로미터 정도 거리다. 연해주 이주는 두만강을 몰래 넘는 경우도 있었지만 해로로 이뤄지기도 했다. 바닷길을 이용한 이주자들은 포시예트 항구 인근 섬에 거룻배를 댔다. 지신허, 연추 등은 과거 러시아 행정 구역상 모두 포시예트 지구에 속한 한인 마을이었다. 이 지역에는 스물두 개 한인 마을이 있었다. 사정이 이렇다 보니 포시예트 항구는 조선, 중국과의 무역에서 중요한 거점이었다. 연추에서 블라디보스토크로 갈 때 이용했던 배도 이 항구에서 오갔다. 최재형이 집을 나와 거리를 배회하던 곳이며 안중근이 하얼빈으로 갈 때 첫 출발지이기도 하다.

항구 주변 풍경이나 기후 등은 함경북도 청진, 나진과 비슷했다. 그런 데다가 한인들의 출입마저 빈번하니 꽤 큰 한인 마을이 생겨난다. 그 풍경은 조선식 초가집이 줄지어 늘어서 있고, 학교와 상점 등의 간판이 모두 한글과 한자로 쓰인 모습이었다. 1890년대까지 조선의 상평통보가 그대로 통용됐을 정도였다고 한다. 사람들은 흰옷에 상투를 튼 채 갓을 쓰고 다녔고, 어린 나이에 혼인하던 '조혼'과 총각이 밤에 몰래 과부를 보에 싸 납치해 부인으로 삼던 옛 결혼 풍습 '보쌈' 등이 용인됐다. 물론 러시아인보다 한인들이 더 많이 거주했고 언어 또한 불편함이 없었다.

하지만 엄연히 이곳은 러시아의 영토였다. 땅 주인들이 이 모습을 곱게 봤을 리 없다. 그들은 러시아 학교를 세우고 어린아이부터 러시아화를 추진한다. 하지만 의무적으로 학교를 나가는 학생들이 많았고 뒤로는 우리말을 익혔다. 또 러시아 국적 취득을 위한 개종도 형식에 지나지 않았다. 한인들은 어쩔 수 없이 세례를 받긴 했지만 금세 세례명을 잊어버렸다고 한다. 당연히 교회에 나가 기도하기보다 무속 신앙을 신봉했다. 그래서 포시예트 항구 한인 마을에서 굿을 보는 건 그리 어려운 일이 아니었다. 굿의 영향력이 얼마나 컸던지 러시아인들까지 무당을 찾는 일도 있었다고 한다.

항구의 대형 크레인과 시커먼 석탄이 보일 때쯤 아담한 건물 하나가 나타났다. 이곳은 개인이 운영하는 사설 박물관인데 한인들의 흔적이 남아 있다고 했다. 길섶에 차를 세웠다. 얕은 둔덕 위에 자리 잡은 볼품없는 박물관이었다. 운이 없게도 박물관에는 자물쇠가 채워져 있었다. 개인이 운영하다 보니 일정하게 문을 열고 닫지 않는 모양이었다. 뒤돌아 주변을 살폈다. 요즘은 사용하지 않는 오래된 포 1 문門과 경전차가 눈에 띄었다. 그리고 그 옆으로 콘크리트 바닥 위에 옹기종기 모여 마치 하나의 조각품처럼 놓여 있는 돌 몇 개가 보였다. 가만히 톺아보니 필시 맷돌 내지는 연자방아의 부속품 같았다. 한인들의 흔적이 분명했다. 포시에트 항구 도착 전 크라스키노 시내에 잠시 들렀는데, 길을 묻는 내게 한 러시아인이 자신의 앞마당에서 주어 놓은 기와 파편을 보여주기도 했다. 그것 또한 조상들 것이 분명했다.

깊게 팬 생채기처럼 결이 또렷하고 군데군데 쪼개져 나간 돌덩어리의 인상은 굵은 주름을 닮아 있었다. 그 주름은 그 어떤 형질의 변화조차 허용하지 않을 것처럼 고지식해 보였다. 왠지 생의 끝에 이르렀지만 죽음에 도달할 수 없는, 영원히 고독에 갇혀 살라는 흑주술에 걸린 느낌이었다. 그 모습은 처연한 것이었다. 차라리 나무였으면 좋으련만, 그랬더라면 시간의 매질 앞에 서서히 스러져 행운유수行雲流水라도 했을 텐데. 고독에 갇혀 어디로도 도망갈 수 없던 돌덩어리들은 본래 사명을 완전히 박탈당한 채 과거를 희미하게 내비치고 있었다.

이제 그것들은 어떤 망각을 깨부수어 기억을 잇는 새로운 삶을 살

바다 건너에서 바라본 연추 전경

포시예트 어촌 마을

고 있는지 모른다. 기억의 파편처럼 덩그러니 놓여 있는 돌덩어리를 이리저리 매만져 본다. 온기는 어디로 간 것인가. 선하고 옅은 가을빛이 서서히 고개를 숙인다. 잠시 뒤면 더 짙은 고독이 몰려올 거다. 그래 왔듯, 오늘도 내일도 잘 견뎌주길.

서태지의 '발해를 꿈꾸며'

연해주 최초 한인 마을 지신허는 작은 강을 따라 남북 12킬로미터, 동서 2킬로미터 규모였다. 위치는 크라스키노에서 서쪽으로 10킬로미터 떨어진 자리다. 현재 이곳에는 한인이주기념비가 서 있다. 이 비는 가수 서태지가 지난 2004년 블라디보스토크 공연 뒤 자비로 세운 것인데, 그의 외증조부는 3·1혁명으로 옥고를 치르고 상해에서 활동한 독립운동가 이성구인 것으로 알려져 있다. '서태지와 아이들'의 노래 〈발해를 꿈꾸며〉는 미상불 어떤 계기로 만들어진 곡일까? 서태지는 왜 기념비 제작에 도움을 주었을까?

지신허 터를 찾아 나섰다. 구글 지도에 대략적 위치를 표시해두었지만 표지판 하나 없는 곳을 찾아가는 일은 매번 쉽지 않다. 라즈돌리노예역에서 크라스키노로 이어지는 큰길 어디쯤에서 샛길로 빠져야 한다. 친절하게 한인 이주 첫 마을을 알리는 표지판 같은 건 애초부터 기대도 안 했다. 하던 대로 왔던 길을 오락가락하며 이 길인지 저 길인지 확인하는 수밖에 없었다. 이 방법이 국외독립운동사적지를 찾는 가장 효율적(?) 방법이었다. 이제는 하도 헤매다 보니 이 과정이 통과의례로 생각되지만, 이럴 때마다 동행자에게 한없이 미안해진다.

포장도로에서 허방이 듬성듬성한 비포장도로로 빠져 들어가니 철문이 차를 가로막는다. 사유지 표시였다. 큰길로 나와 천천히 차를 달린다. 지도 표시 인근에 또 다른 비포장길이 보였다. 좌우로 출렁대던 자동차가 군 초소 비슷한 건물 앞에서 진정을 찾았다. 사유지 입구를 지키는 러시아인이 몸을 일으켰다. 그에게 지신허 기념비 사진을 보여주었다. 그는 입구가 맞다고 했다. 안도감이 밀려들었다. 그런데 안으로 들어갈 수 없다고 했다. 주인 허락이 필요했다. 그는 잠시 기다리란 말을 한 뒤 초소 지붕으로 나 있는 사다리를 타고 오르기 시작했다. 지붕 위에서 주변에 있는 주인을 부르나 보다 했다. 짐작은 전혀 생각지 못한 광경으로 이어졌다. 그는 휴대폰을 든 손을 하늘 위로 쭉 뻗었다. 그리고 통신 감도를 체크했다. 그 모습이 옛 광고의 한 장면을 연상케 했다.

사실 웃을 상황이 아니었지만 배시시 미소가 지어졌다. 다행히 전화가 되는 모양이었다. 통화를 끝낸 그는 통행료를 내야 한다고 했다. 들어갈 수만 있다면 대만족이었다. 위치 설명을 듣고 약간의 셈을 치르고 다시 차에 올랐다. 벼룻길 군데군데 폭탄을 맞은 것 같은 물웅덩이가 도사리고 있었다. 차가 거세게 휘청대며 요동쳤다. 실개천을 도강한 뒤 좌측 수풀 너머로 벌초해놓은 듯한 넓은 공터가 설핏 보였다. 찾던 곳 같았다. 호위무사처럼 좌우로 서 있는 우거진 수풀이 드넓은 둔덕으로 이어졌다. 극적 장면을 연출하고 싶었던 걸까. 대부분의 사찰이 서서히 고도를 올려가며 마지막 장면에 대웅전을 보여주듯, 이곳도 그런 분위기였다.

시야가 트이자 산세가 부드럽게 감싸 안은 전체 형세가 한눈에 들어왔다. 마치 아늑한 무덤 자리 같았다. 지저귀는 새들의 합창이 고요에 금을 내고 있는 너부죽한 푸새밭 한가운데 한인이주기념비가 서 있었다. 비문 내용은 아래와 같다.

이곳은 연해주 핫산지역 비노그라드노예에 있던 지신허라고 하는 옛 마을로서 1863년 함경도 농민 13세대가 두만강을 건너와 정착한 극동 러시아 최초의 한인 마을로 현재는 옛터만 남아 있다. 그러나 1937년까지 1천 7백여 명의 한인들이 모여 살던 매우 큰 마을이었으며, 현재 50만에 이르는 CIS지역 거주 한인들의 발원지가 되는 곳이다. 이에 우리는 이 비를 세워 한인 이주 140주년을 기념하고 한국과 러시아의 친선우호를 돈독히 하며 우리 민족의 무궁한 발전을 기원하는 바이다.

2004년 5월 9일

한인 러시아 이주 140주년 기념사업회

대한민국 음악인 서태지 헌정

모든 게 휘발된 소연한 기억의 시발점. 순란했던 과거의 흔적은 모두 증발해 버린 지 오래였다. 목이 메여 왔다. '여기가 대서사시의 시작인데, 정말 아무것도 남지 않은 건가. 비루하고 너절해도 좋으련만, 무엇이라도 남아 있다면.' 허리춤에 양손을 올리고 지신허의 하늘을 올려다봤다. 사건이 있고, 기록이 있고, 그것이 정리돼 역사책에 새겨지는 과정을 직접 몸으로 확인하는 느낌이었다. 마치 안테나처럼 어떤 신호를 보내고 받듯 우두커니 서 있는 기념비. 그 모습은 초소 지붕에서 휴대폰 신호를 잡으려던 모습과 별반 다르지 않았다. 비석이 보내는 신호는 한국 사람이라면 해석이 가능한 주파수를 가지고 있을 거다. 이는 어떤 끌림이다. 자기력 같은 그 힘은 사람을 불러 모으고 연상을 돕는다. 그래서 비석 하나를 세우는 일은 잠자던 지박령地縛靈을 깨워 강력한 아우라Aura를 발산시키는 일이다. 그 기운은 공의 허허로움을 채워 격조한 역사를 다시 인식하게 해준다. 최소한의 배경을 전달하고, 공간이 가진 서사에 사람들을 동감하게 한다. 이때 원본만이 내뿜을 수 있는 고결한 아우라가 발동한다. 눈앞에 서 있는 기념비는 그래서 그냥 돌덩어리가 아니다. 거기에는 보이지 않는 힘이 있고, 그 에너지는 이곳을 회상의 공간으로 재탄생시킨다. 내가 서태지의 헌정에 경의를 표하는 이유다.

다시 희미하고 좁다란 길을 잡아 나선다. 또 언제 와볼 수 있을까. 텐트를 치고 하룻밤 머물며 떨어지는 별똥별을 세보고 싶었다. 점점 멀어져 가는 지신허 기념비를 흘깃하며 자꾸 고개가 돌아갔다. 주머니에 들어 있던 뭔가를 흘린 것 같은 기분이 쉬 가시지 않았다. 공명의 시간을 뒤로하고 다시 차를 몰아 나간다. 블라디보스토크로 돌아가는 길, 해거름이 끝나고 사위가 어둑해졌다. 오전에 잠시 쉬어갔던 바라바시 휴게소가 나왔다. 여건이 허락했다면 1910년 6월 유인석(1842~1915)*이 도총재를 맡은 '13도의군十三道義軍' 창설지 재피거우(또는 암밤비Ambambi로 알려져 있다)를 찾아보고 싶었다. 13도의군은 1910년 6월 연해주에서 국내외 의병 세력 통합을 위해 조직된다. 유인석, 이상설, 이범윤, 이남기, 홍범도(1868~1943) 등이 참여했다. 그 터는 바라바시 휴게소 인근이라 했다. 그곳은 현재 어떤 모습일까. 이날 작업도 답이 아닌 숙제를 남길 뿐이었다.

* 유인석은 강원도 춘천 출신으로 조선 후기 유학자이자 의병장으로 활동했다. 일제에 국권이 넘어가자 연해주 등지에서 독립운동에 나선다. 최초 여성 의병장 윤희순이 그의 조카며느리다.

지신허 마을 옛터

한인이주기념비

베낄 사寫, 참 진眞

하늘은 보았는가
티끌 없던 순수를
바람은 보았는가
엊저녁 그들의 그림자를
별은 보았는가
초롱초롱 빛나는 등잔불을

하늘과 바람과 별에게 묻는다
그들은 누구였던가
그들은 어디에서 와 어디로 갔던가
그들은 여기서 행복했던가
하늘과 바람과 별에게 묻는다
나 그들의 사진寫眞인가

3

해삼위

더부살이의 설움

'동방의 지배자'란 호전적 이름에서도 알 수 있듯 과거 러시아에게 블라디보스토크는 극동 아시아 진출의 핵심 거점이었다. 이 도시는 1860년 러시아가 청나라와 베이징 조약을 체결하면서 조성되기 시작한다. 러시아는 사할린 북단과 마주해 겨울이면 항구가 얼어버리던 니콜라옙스크 해군 기지를 1872년 블라디보스토크로 이전한다. 부동항으로 전략적 위치를 점하던 블라디보스토크는 1890년 중엽부턴 무역항으로도 이름나기 시작하고, 1891년 착공한 시베리아 횡단 열차가 1916년 완전히 개통되면서 더욱 주목받는 도시가 된다.

이 도시와 한인과의 인연은 연해주 이주 직후부터 시작된다. 거주 한인 수는 해마다 늘어 1886년 400여 명, 1891년 840여 명, 1903년 1,300여 명에 이른다. 이렇듯 차츰 한인 거주민이 증가하자 극동 러시아 정부는 1893년 길 하나를 경계로 중국인 집단 거주지와 마주한 한인 마을 개척리(개척리는 '카레이스카야 슬라보드카Kareskaya Slabodka'로 불린 한인 집단 거주지의 우리식 지명이다. 현 포그라니치나야Pogranichnaya)를 조성한다. 그전까지 한인들은 바닷가 인근 초원 등에 두 개 정도 마을을 조성해 생활하고 있었다. 개척리 조성은 이 마을의 강제적 폐쇄를 의미했다.

그러던 1899년 중국 요령성 대련 북동쪽 영구시(營口市, 잉커우시)에서 페스트가 발병했단 소식이 전해진다. 러시아인들은 극동 지역도 안전지대가 아니라고 우려했다. 재차 한인 집단 거주지 이전 문제가 불거진다. 하지만 거주지 철거 경험이 있던 한인들은 이에 대해 매우 부정적 자세로 대응한다. 그도 그럴 게 한인들이 위생 개념이 전혀 없거나, 이에 대한 실천이 전무한 것도 아니었다. 한인 사회도 위생 환경 개선이 러시아 정부의 신뢰를 얻는 방편이란 점을 충분히 인식하고 있었다. 궁극적으로 한인들은 이 같은 신뢰 형성을 통해 자치권을 얻으려 했다. 하지만 극동 러시아 정부는 황인종은 무조건 불결하다는 매우 왜곡된 시각을 갖고 있었다. 즉 한인 거주지 이전 이면에는 그릇된 인종주의 인식이 자리 잡고 있었던 셈이다.

불행하게도 1909년 가을 개척리에서 콜레라가 창궐해 두 달 만에 100여 명의 사망자가 발생한다. 〈대동공보〉에 따르면 제사를 지내려고 돼지를 잡아먹은 게 원인이었다. 이에 블라디보스토크 경찰은 개척리에서 돼지 사육을 금지시킨다. 1910년 블라디보스토크 인구는 8만 명 정도였다. 이 중 한인은 1만 명 가량이었고, 7,500명이 개척리에 모여 살았다. 사실 이들은 겉으로는 귀화를 위해 러시아 정교를 받아들였지만, 속으로는 유교와 무속 신앙을 삶의 중심에 놓고 있었다. 그런 과정 속에서 부패한 음식이 문제가 된다.

역병의 기세가 누그러질 때쯤 개척리는 항일 열기로 들끓는다. 1908년 3월 샌프란시스코 장인환·전명운 의거, 1909년 10월 하얼빈 안중근 의거 그리고 1910년 8월 한일병탄 소식까지, 개척리에서 곧 큰 사건이 터져도 하나도 이상하지 않을 상황이었다. 1910년 8월 23일 700여 명이 모여 성명회聲明會*를 조직하고, 격문 1,000여 장을 인쇄한다. 일부 한인들은 일본인에 대한 무력 시위까지 계획한다. 분위기가 심상치 않다고 느낀 블라디보스토크 일본 영사관은 러시아 측에 한인들의 행동을 제지해달라 요청한다. 이에 극동 러시아 정부는 1910년 9월 12일 새벽 개척리를 전격 수색하며 독립운동에 찬물을 끼얹는다.

결국 극동 러시아 정부는 1911년 3월 29일 방역 조치를 이유로 개척리 철거를 확정한다. 최종 철거 시한은 5월 28일까지였다. 그런데

* 성명회는 '적의 죄상을 성토하고 우리의 원통함을 밝힌다'는 뜻의 '성피지죄(聲彼之罪) 명아지원(明我之冤)'의 앞 글자를 따 만든 이름이다. 성명회는 한일병탄 무효 선언서를 여러 언어로 작성해 미국·프랑스 정부 등에 보낸다. 당시 선언서에는 8,624명의 이름이 기재된 연명부가 첨부됐다. 이 무렵 연해주 거주 한인은 5만 명 정도였는데, 5~6명을 한 가구로 치면 거의 모든 가구가 서명에 참여했단 계산이 나온다. 지난 2017년 미국 국립 문서 보관소(NARA)에서 118장으로 이뤄진 이 선언서 전체 원본이 발견된 바 있다. 한편 성명회는 1910년 9월 일제의 방해와 러시아의 개입으로 해체된다.

어찌된 영문인지 이 조치에 일본 영사관이 반기를 들고 나선다. 모양새만 보면 일제 신민이 된 한인들의 부당 대우를 넌지시 따지고 든 것처럼 보이지만 진짜 속내는 개척리 철거 이후 발생할 일본인 상권 피해에 있었다. 개척리 철거 직전 주변 지역에는 일본인이 운영하는 유곽 열다섯 개와 잡화점 여덟 개가 성업 중이었다. 하지만 러시아 입장에서 개척리는 한인과 일본인이 언제든 충돌할 수 있는 화약고 같은 공간이었다. 그들은 이 두 민족이 따로 거주하는 편이 치안 유지에 효과적이라 봤다. 결국 한인들의 아랫목 개척리는 강제 폐쇄되고, 그 위에 러시아 기병대가 자리 잡는다.

이 과정에서 눈여겨봐야 할 대목은 개척리 폐쇄 직후 3,000여 명의 한인들이 철도 건설 현장이나 광산으로 갔다는 사실이다. 러시아는 극동 지역 개발을 진행하면서 만성적으로 노동력 부족에 시달리고 있었다. 러시아 입장에서 개척리 폐쇄는 혼란을 틈타 한인들의 노동력을 흡수하는 계기이기도 했다. 한마디로 이 사건은 지구상에서 이름이 지워진 힘없는 나라 백성이 필연적으로 마주해야 했던 서러운 일이었다.

블라디보스토크 앞바다

24

독립운동의 성지,

신한촌

개척리에서 쫓겨난 한인들은 북쪽으로 2~3킬로미터 정도 떨어진 산비탈로 향한다. 자갈이 많고 잡초가 무성한 땅이었다. 일부 중국인들이 푸성귀를 거두던 곳에 우덜거지 임시 천막이 들어선다. 한인들은 아무르만이 내려다보이는 궁벽한 황무지를 피땀으로 일궈 나간다. 그리고 새 한국을 부흥시킨다는 의미로 '신한촌新韓村'이라 이름 붙인다. 1911년 초여름까지 이곳에 이주한 한인은 1,500명 정도였는데 1915년이 되자 무려 1만 명이 거주한다. 신한촌 조성 초기 작은 러시아식 목조 건물 200여 채가 들어서고, 집집마다 두세 개 온돌이 만들어졌다. 여러 명이 한 집을 공동으로 사용하는 게 일반적이었으며 많게는 20여 명이 동거하기도 했다. 동포들이 체온을 나누던 신한촌은 나라를 떠난 사람들의 안식처 이상의 의미를 지니며 연해주 지역 최대 독립운동기지로 성장해 나간다. 1914년 신한촌을 방문했던 춘원 이광수(1892~1950)는 《그의 자서전》에서 이곳을 아래와 같이 묘사했다.

> 내가 해삼위에서 배를 내린 것은 해무가 자욱한 추운 아침이었다. 쇄빙선이 깨뜨려놓은 얼음 바다로 연해 붕붕 고동을 울리면서 까만 해무 속으로 배가 들어가는 것은 심히 음침하였다. 어디 세상 끝에 나온 것 같았다.
>
> 부두에서 썰매를 탔다. 썰매에는 말을 네 필이나 달았다. 큰 말, 작은 말. 이름이 신한촌이라길래 어떠한 덴가 했더니, 해삼위 시가를 다 지나가서 공동묘지도 다 지나가서 바윗등에 굴 붙듯이 등성이에 다닥다닥 붙은 집들이 그것이었다. 이를테면 염라국 지나서다. 해삼위시에서는 이 귀찮은 거린채*들을 공동묘지 저쪽으로 한데 몰아서 격리를 시킨 것이었다.
>
> 아이들과 청년들이 길바닥에서 얼음을 지치고 있다가 내 썰매가 오는 것을 보고는 우 모여들었다. 그들은 거의 내 앞길을 막아섰다. 그러고는 매우 적개심 있는 눈으로 나를 훑어보았다.

신한촌에서 있었던 첫 번째 항일운동은 1911년 8월 29일이었다. 한일병탄 1주기를 맞아 학생들을 중심으로 400여 명이 애국가와 독립가를 부르며 거리를 행진한다. 상인들도 이날만큼은 점포를 걸어

---

* 거린채는 러시아어로 조선 사람을 뜻하는 '꼬레이츠'의 우리말 사투리다.

잠그고 나라 잃은 비탄을 함께했다. 일부 한인들은 일본인 집에 돌을 던져 분풀이를 했고 일제 한인 통역인을 잡아다 바다에 수장하기도 했다. 야간에는 집집마다 환히 등을 밝혀 꺼지지 않는 구국의 열망을 표출했다.

1911년 12월 19일 한인들은 신한촌에서 권업회 창립 총회(발기일 5월 19일)를 거행한다. 이 단체는 극동 러시아 정부의 허가를 받은 공식 한인 자치 기관이었다. 이름만 보면 '실업을 장려한다'는 뜻의 순수 경제 단체처럼 보이지만 실은 독립운동 성격이 짙었다. 회원 수는 1913년 10월 2,600명에 이르렀고 1914년에는 8,579명에 달했다. 권업회는 다가올 독립전쟁을 위해 광복군 양성에 심혈을 기울였는데, 북간도에 '대전학교'를 세우고 사관생도 배출을 위해 노력한다. 또 이 단체는 1912년 4월부터 〈권업신문〉을 발행, 1914년 8월까지 총 126호를 간행했다. 신채호, 이상설, 장도빈 등이 주필로 활동했으며 강연회 개최 등으로 민족의식 고취에 앞장섰다. 〈권업신문〉은 권업회 지회와 분회 사무소가 있는 간도·시베리아 한인촌은 물론 미주 한인 사회까지 보급됐다.

1913년 권업회는 '한인 러시아 이주 50주년 기념식'을 준비한다. 그러면서 이동휘, 이종호, 이상설, 이동녕 등은 같은 해 가을 '대한광복군정부大韓光復軍政府'를 조직하는데, 이는 러일 전쟁 10주년을 맞아 혹시 모를 2차 충돌을 염두에 둔 조치였다. 일각에서는 러시아와 일본이 다시 맞붙는다면 독립을 앞당길 수 있을 거라 봤다. 하지만 1914년 7월 1차 세계대전이 발발하고 러시아와 일본이 동맹을 맺으며 이런 기대는 물거품이 된다. 이 과정에서 대일 관계 악화를 우려한 러시아 정부가 권업회를 강제 해산시킨다. '한인 러시아 이주 50주년 기념식'은 속절없이 무산되고 독립운동가의 추방 명령까지 내려진다. 이에 이동휘는 북간도로, 이종호는 상해로 몸을 피해야 했다. 이때 상당수 한인들이 간도로 새 터전을 찾아 피난 아닌 피난길에 나선다. 다시 찾아온 독립운동의 침체기였다.

돌파구가 보이지 않던 독립운동은 1917년 2월 러시아 혁명이 터지면서 활기를 띠기 시작한다. 한인들은 민회를 재정비하는 한편 독립 자금을 모아 나간다. 이어서 1917년 11월 17일 한민학교韓民學校•에서 '단기 4250년 단군 성탄 기념회'를 개최하고 신한촌 일대를 행진한다. 1918년 블라디보스토크 일본 총영사 기쿠치 요시로菊池義郎가 신한촌을 찾아 조선인 학교에 200루블을 기부하자, 한 여교사가 지폐를 찢어 불 속에 던진 일도 있었다. 신한촌 만세운동은 1919년 3월 17일 오후 4시경 시작된다. 집집마다 태극기를 게양하고, 누군가는 대로 한쪽에서 연설을, 또 누군가는 독립선언서를 배포한다. 대한국민의회(1919년 3월 17일 연해주 만세운동이 있던 날 우수리스크에서 조직된 최초의 망명정부. 비슷한 시기 4월 11일 중국에서 상해 임시정부가, 경성에서는 4월 23일 한성정부가 설립된다) 주최로 2만여 명의 동포들이 운집한

• 개척리에는 계동학교, 세동학교, 신동학교 등의 한인 학교가 있었는데, 1909년 10월 한민학교로 통합된다. 그러다 개척리가 폐쇄되고 1912년 3월 권업회 주도로 신한촌에 한민학교가 4년제로 다시 개교한다.

가운데 독립선언식도 거행된다. 어둠이 내리 깔리자 학생 일부가 자동차, 마차에 나눠 타고 태극기를 흔들며 과감하게 가두시위에도 나선다.

만세운동 열기가 채 식지 않은 1919년 3월 26일 김치보(1859~1941)가 신한촌에서 운영하던 한약방 덕창국에 46세에서 70세까지의 사람들이 모여 '노인동맹단'을 결성한다. 평양 출신 김치보는 50세가 되던 1908년 연해주로 이주해 독립운동에 투신한다. 1921년 7월에는 블라디보스토크 천도교 초대 교구장에 선출된다.

그와 동지들이 결성한 노인동맹단은 1919년 여름 블라디보스토크 주재 일본 총영사관에 독립요구서를 제출하는 한편 은밀히 강우규(1855~1920)를 경성에 파견한다. 강우규는 9월 2일 현 서울역 앞에서 조선총독부 3대 총독 사이토 마코토齋藤實에게 폭탄을 던지고 체포된다. 1920년 11월 29일 서대문형무소에서 그의 사형이 집행된다. 교수형 되기 전 그는 짤막하게 이렇게 말한다.

> 단두대 위에 서니 오히려 봄바람이 이는구나.
> 몸은 있으되 나라가 없으니 어찌 감상이 없겠는가.
>
> 은예린, 《강우규 평전》, 2015

짓밟힌

터전

1917년 러시아는 혁명의 소용돌이 속으로 빨려 들어간다. 러시아 민중들은 양력 3월 8일 제정 러시아Imperial Russia를 무너뜨린다. 흔히 2월 혁명이라 부르는 대변혁의 시작이었다. 같은 해 11월 7일(10월 혁명)에는 블라디미르 레닌Vladimir Lenin이 '모든 권력은 소비에트로'란 기치를 내걸고 무장봉기를 일으켜 러시아 임시정부를 전복시킨다. 볼셰비키Bolsheviks•가 중심이 된 10월 혁명은 세계 최초 사회주의 혁명으로 기록돼 있다. 하지만 러시아는 '적백내전'이라 일컬어지는 피비린

• 다수파란 뜻의 볼셰비키는 1903년 제2회 러시아 사회민주노동당 대회에서 레닌에 동조한 급진파를 말한다. 반면 멘셰비키는 소수파란 의미로 레닌과 대립각을 세운 세력을 칭한다. 볼셰비키는 1917년 10월 혁명 뒤 정권을 장악하고, 1918년 러시아공산당으로 이름을 변경한다. 그러다 1952년부터 소비에트연방공산당으로 불리다 1990년 소련 해체와 함께 역사 속으로 사라진다.

내 나는 집안싸움에 휘말리게 된다. 적군(볼셰비키)과 백군(반볼셰비키)의 내전이 격화되자 미국, 영국, 프랑스, 이탈리아, 일본 등 연합군이 파병을 단행한다. 이로써 러시아 내전은 걷잡을 수 없는 수렁에 빠진다. 1922년까지 이어진 이 진흙탕 싸움으로 적군이 120만 명, 백군이 150만 명의 사상자를 낸 것으로 알려져 있다. 이 과정에서 누구보다 일본이 발 빠르게 움직인다. 일본은 1918년 4월 러시아 내 자국민 보호 등의 명분으로 블라디보스토크에 군대를 상륙시켜 시베리아 출병을 단행한다. 파병 규모는 연합국 중 가장 많은 6~7만 명 수준이었다. 군사적으로 백군을 지원함으로써 시베리아와 극동 아시아 지역을 차지하려는 야욕이었다. 사실 일본은 1차 세계대전이 한창이던 1916년 6월 러일 협약을 맺고 만주의 분리 지배를 계획하고 있었다. 그런데 제정 러시아가 무너지면 이 같은 계획에 차질이 불가피했다. 반면 한인 무장 독립운동 세력은 볼셰비키의 원조를 받아 독립을 쟁취하고자 적군 편에 선다. 적군과 백군으로 나눠진 또 다른 한일전이었다.

1920년 3월 5일 아무르강 하구 니콜라옙스크에서 한인 무장 독립운동 세력·적군 연합부대가 일본군과 충돌한다. 이 싸움에서 일본군은 대패하게 되고 영사를 포함한 일본인, 반볼셰비키 러시아인 다수가 처형된다. 이를 '니항 사건'이라 부른다. 일본에게는 좋은 명분이었다. 곧장 블라디보스토크에 일본군이 증파된다. 그들은 한인 무장 독립운동 세력과 적군에 대한 공세 수위를 높여 간다. 1920년 4월

4일 밤 일본군은 블라디보스토크 주둔 적군을 무장 해제시킨다. 그리고 다음 날 밤 기습적으로 신한촌을 습격한다. 한민학교 등 신한촌 내 주요 건물이 불에 타 잿더미가 된다. 이 공격은 연해주 북쪽 우수리스크, 스파스크 달리Spassk Dalny까지 확대되며 8일까지 이어진다. '4월 참변'으로 불리는 이 악명 높은 공격으로 신한촌에서만 300여 명의 한인이 살해된다. 그 과정에서 일본군은 무고한 민간인을 건물 안에 가두고 방화를 일삼고, 바다에 사람을 수장시키기도 했다. 심지어 기차 화통에 사람을 산 채로 화형하는 만행까지 서슴지 않았다.

당시 러시아 언론 보도에 따르면 거리에 시체가 쌓이고, 온전한 집이 하나도 없을 정도였다. 사망자는 러시아인 포함 5,000명 이상이었다. 이 야만적 행위는 연해주 한인 사회 기반을 뿌리째 뽑아 근본적으로 독립운동의 싹을 잘라 버리려는 의도였다. 4월 참변은 같은 해 가을 서북간도를 짓밟은 간도 참변과 1923년 관동대지진 조선인 학살로 이어진다. 이들 사건은 일본이 국외에서 저지른 '3대 한인 학살'로 불린다.

타향의 고향 신한촌은 1937년 중앙아시아 강제 이주로 텅 비게 되고 결국 폐허처럼 변한다. 현재는 아파트 단지가 들어서 과거 모습이 어땠는지 알 길이 없다. 블라디보스토크에 머물며 신한촌을 출근하듯 다녔다. 첫째 날은 남은 게 없어 난처함에 도리머리를 지었고, 둘째 날은 사라짐 앞에 무망함이 밀려 들었고, 셋째 날은 현실 앞에 오기가 발동했다. 이동휘가 1935년 사망할 때까지 말년을 보낸 집터를 찾아 나섰다. 그 자취는 상점 건물이 대신하고 있었다. 1920년 3·1혁명 1주년을 기념해 한인들이 세웠다는 독립문도 이젠 기록으로만 존재한다. 흔적이라면 서울 거리란 뜻의 '서울 스카야' 표지판 하나가 전부다. 어디에 한민학교 교정이 있었을까, 신채호가 글을 쓴 곳은 어디일까, 밀정들은 어디서 독립운동가들을 훔쳐보고 있었을까, 모락모락 군불 떼던 마을 모습은 속내와 달리 평화롭게 보였을까, 그때나 지금이나 변하지 않은 건 나뭇가지 위 까치집뿐인 건가. 그럼에도 카메라를 거둘 수 없던 까닭은 이 공간이 품고 있는 기억 때문이다. 좀 봐달라고 생떼를 쓸 수 있는 건 여기에 기억을 잇는 힘이 있기 때문이다. 그 앎은 실존에 이르는 길이 된다. 실존은 과거의 나를 알아가는 과정이 아닌 지금의 나를 계속 깨우쳐 나가는 행위다. 그런 맥락에서 현재 신한촌을 기록하는 건 100여 년의 시간을 잇는 하나의 실존적 행위인 셈이다. 러시아인의 삶이 고스란한 신한촌은 뷰파인더를 통해 이제 다시 읽어내고 해석해야 할 대상이다. 아무것도 남지 않은 사적지는 그래서 사진가에게 자유를 허락하는 장소일지 모른다. 그 자유는 과거를 연상시키기보다 어떤 감정을 전달하는 데 목적이 있다. 내가 몇 번이나 마뜩하지 않은 신한촌을 어슬렁거린 까닭은 그 감정을 느껴보고 공유해 보고자 함이었다.

1999년 세워진 신한촌 기념비 앞에 섰다. 조상들의 또 다른 고향이자 무장투쟁의 최전선, 이 역사를 기념비 하나가 대신하는 모습은 어딘가 모르게 터분하고 애달픈 광경이었다. 그래도 다행이었다. 잠시 추모할 장소라도 있으니. 국화와 함께 불을 붙여 담배 한 대를 올렸다. 향을 대신한 연기가 살풀이하듯 춤을 추며 허공에서 자취를 감춘다. 마치 이 공간에 꽉 들어차 앉아 조국의 미래를 그렸을 그들처럼.

뒤설레 떠는 한 무리의 관광객들이 도착했다. 그들이 스쳐 지나가며 말한다. "그런데 기념비가 너무 초라하다." 이심전심이었다.

신한촌 기념비

우리

'서울 거리' 표지판

한인 교사 양성을 위해 1931년 설립된 고려사범대학 건물

블라디보스토크 금각만 대교

블라디보스토크의 '남남북녀'

장기 여행을 하다 보니 타국에서 으레 해보는 몇 가지 일이 생겼다. 그중 하나는 이발소에서 머리를 다듬어 보는 일이고, 또 하나는 북한 식당을 방문해 보는 일이다. 지역이 한정돼 있긴 하지만 북한 식당은 내 여행에서 빼놓을 수 없는 호기심의 대상이다.

몇 해 전 라오스 비엔티안에 있는 북한 식당에 갔을 때다. 요리 두세 가지를 시키고 들쭉술을 주문해 기분 좋게 식사를 즐기고 있었다. 장내가 조용해졌다. 여성 접대원*들이 무대에 올라 공연 준비를 시작했다. 잠시 뒤 가무가 시작됐다. 손님 대부분은 한국 사람들이었다. 모두 흥이 났는지 어깨를 들썩이며 취해갔다. 난 왜 이 모습이 미소 뒤에

* 여기서 접대원은 북한에서 식당 종업원을 일컫는 말이다.

서 눈물을 흘리고 있는 이별의 한 장면 같았을까. 달큼한 들쭉술이 혀끝을 쓴맛으로 아리게 했다. 외화벌이에 동원된 동포들의 모습을 보는 경험은 썩 유쾌하지 않았다. 그 불편함은 이데올로기가 잉태한 분단이 만든 보이지 않는 어떤 벽 때문일 거다. 접대원과 우리말로 대화를 하고 가벼운 농담을 나눌 순 있지만 그들과의 사이에는 엄연한 금이 있다. 보이지 않는 선은 나도 저들도 넘을 수 없는 불가항력이다. 접대원들은 기타를 치며 드럼을 두드렸고 속내를 웃음으로 한껏 포장했다. 악기 몇 개가 만들어 내는 가락은 그 자체로 경쾌한 슬픔이었다. 왜 그랬는지 비엔티안에서는 계속 그들을 지켜볼 용기가 없었다. 술잔을 내려놓고 슬며시 식당 문을 나섰다. 그러곤 길게 담배 한 모금을 빨았다. 그럼에도 북한 식당을 찾는 건 미지의 영역 안에 살고 있는 동포들이 궁금해서다. 또 그들이 내놓은 밥상 위에서 같음과 다름을 읽어 내보는 것도 빼놓을 수 없는 즐거움이다. 이렇듯 북한 식당에서 언어, 음식, 복식의 차이를 더듬어 보는 건 어디서도 경험할 수 없는 어색한 재미다. 그렇게라도 살을 비비며 체온을 나눌 수밖에 없는 안타까운 오늘을 상기해 보고자 함이다.

신한촌 촬영 뒤 한식이 당겼다. 북한 식당을 찾았다. 식당은 한산했다. 널찍한 테이블에 앉았다. 잠시 뒤 접대원이 흘낏 눈길을 주더니 말없이 차림표를 테이블 위에 놓고 갔다. 상냥함을 기대하기 어려운 분위기였다. 차림표는 사진과 함께 한글로 요리명이 적혀 있었다. 낙지 무침이 눈에 들어왔다. 하루 종일 쏘다닌 몸에 맥주 한 잔과 궁

합이 잘 맞을 것 같았다. 고춧가루와 채소가 버무려진 음식이 나왔다. 나무젓가락을 가르고 소복이 하얀 거품이 부풀어 오르는 걸 보며 유리잔에 담뿍 맥주를 따랐다. 그런데 뭔가 이상한 느낌이 들었다. '아니, 낙지가 왜 이렇게 크지? 연해주 낙지는 이런 모양인가? 아님 대왕오징어처럼 큰 낙지를 수입해 쓰나?' 고개를 갸웃거리며 젓가락을 입으로 가져갔다. 오물오물 씹어 넘기는 알근한 맛은 필경 낙지가 아니었다. 그렇다면 이 음식 재료의 정체는 무엇이란 말인가. 가만히 정체불명 해산물을 이리저리 둘러봤다. '아무리 봐도 이건 낙지가 아니고 오징어 같은데?' 접대원을 불렀다.

"이게 낙지 맞습니까?"

"네, 낙지가 맞습니다." 그녀가 야멸찬 북한 억양으로 말했다.

"그래요? 차림표를 다시 주시겠어요?" 난 성마르게 대꾸했다.

잠시 뒤 그녀가 뾰로통한 표정으로 차림표를 가지고 왔다. 낙지무침이라 적힌 페이지를 재차 살폈다. 차림표 사진과 식탁 위 음식은 같은 게 분명했다. 해당 메뉴 사진 밑에 러시아어로 설명이 적혀 있었다. 휴대폰으로 한영사전을 열었다. 낙지는 'Small Octopus'였다. 이 단어를 다시 영러사전에 넣어 봤다. 러시아어로 낙지는 차림표에 표기된 단어와 같았다. 그렇다면 오징어를 뜻하는 '스퀴드Squid'가 아닌 것은 분명했다. 어디에도 러시아 단어로 오징어란 표현은 없었다. 다시 접대원을 불렀다.

"사전을 찾아보니 여기 차림표에 표현된 러시아 단어는 낙지라고 나오는데, 왜 오징어를 낙지라고 이야기합니까." 사실 이때까지만 해도 어떤 연유에서인지 내게 거짓말을 한다고 생각했다.

"남측에서는 낙지를 오징어라고 부르나 본데, 우리는 낙지를 애기 문어라고 부릅니다. 그리고 지금 드시는 음식은 낙지 맞습니다." 그녀가 따따부따 말했다.

"그럼 오징어가 낙지고, 낙지가 오징어란 말입니까."

"아니요. 이건 낙지입니다."

그녀가 이야기하다 말고 어디론가 갑자기 사라졌다. 잠시 뒤 북한 사전을 들고 나타났다.

"여기 보시라요. 우리 쪽 사전에는 오징어가 낙지로 돼 있지 않습니까. 어떻게 음식 바꿔 드리면 되겠습니까?" 그녀가 새쭉하게 말했다.

뒤통수를 한 대 얻어맞은 느낌이었다. 난 낙지를 시켰고, 그들은 낙지를 내주었다. 번역이 중요한 게 아니었다. 애당초 이야기하는 뜻이 달랐던 거다. 난 겸연쩍은 미소로 그녀를 올려다봤다. 그리고 이렇게 이야기했다.

"일 없습니다."

버성긴 설전을 뒤로하고 맥주 한 잔으로 바싹 마른입을 축였다. 목구멍으로 오징어인지 낙지인지 아리송한 게 넘어갔다.

체코로 간
비녀와 가락지

오스트리아-헝가리 제국 황태자 프란츠 페르디난트Franz Ferdinand는 1914년 6월 28일 보스니아 수도 사라예보에서 세르비아 민족주의 단체 회원 가브릴로 프린치프Gavrilo Princip가 쏜 총에 절명한다. 1차 세계대전의 서막이었다. 한 달 뒤 오스트리아-헝가리 제국이 세르비아에 선전 포고를 한다. 세르비아와 같은 슬라브계 러시아가 참전을 결정한다. 오스트리아-헝가리 제국의 동맹 독일도 전쟁에 뛰어든다. 그러자 러시아의 동맹 프랑스가 이에 맞선다. 영국도 독일이 벨기에를 침공하자 더 이상 전쟁을 미룰 수 없게 된다. 일본은 영·일 동맹을 앞세워 독일을 적국으로 돌린다. 여기에 오스만 제국까지 가세하면서 전장은 유럽을 넘어 중동까지 확대된다. 1915년에는 이탈리아가, 1917년에는 미국이 각각 군대를 일으킨다. 1918년 11월 11일 무너진 독일제국을 대신해 바이마르 공화국이 휴전 합의서에 사인하면서 4년 4개월간 이어진 살육전은 비로소 막을 내린다.

이 1차 세계대전이 우리 역사와 조우한 매우 중요한 대목이 있다. 바로 포화 속에서 뜻하지 않게 탄생한 체코 군단 이야기다. 체코는 슬로바키아와 더불어 오스트리아 합스부르크 왕가에 300년 가까이 지배를 받고 있었다. 그러다 1차 세계대전이 발발하고 체코 젊은이들이 오스트리아-헝가리 제국군으로 징집돼 전쟁에 나선다. 이들은 주로 제정 러시아와 전투가 벌어지는 동부 전선에 배치된다. 그런데 체코 병사들은 싸우기보다 기회를 틈타 러시아군에 투항한다. 오스트리아-헝가리 제국 입장에서는 러시아와 싸우라고 내보낸 군인들이 총부리를 돌려 자신들의 심장을 겨누는 웃지 못할 상황이었다. 체코인과 러시아인은 같은 슬라브계 민족으로 동질성이 강했다. 또 당시 많은 체코인들이 오스트리아-헝가리 제국의 통치를 피해 러시아로 망명한 상태였다. 시간이 흐르자 러시아군 내 체코인으로 이뤄진 부대를 따로 만들 정도로 투항군이 늘게 된다.

1917년 러시아에서 2월, 10월 혁명이 연이어 터지고 급기야 적백내전이 발생한다. 정권을 잡은 볼셰비키는 1918년 3월 3일 독일, 독일 동맹국들과 단독으로 브레스트-리토프스크 조약Brest-Litovsk Treaties* 을 맺고 1차 세계대전에서 발을 뺀다. 러시아 내 체코 군단은 더 이상

---

* 제1차 세계대전 당시 볼셰비키 정권과 독일을 중심으로 한 동맹국(오스트리아-헝가리 제국, 불가리아 왕국, 오스만 제국) 사이에 맺어진 평화 조약.

오스트리아-헝가리 제국과 싸울 수 없는 상황에 놓인다. 이 무렵 파리에서 독립운동을 주도하던 체코 지도자 토마시 가리구에 마사리크Tomáš Garrigue Masaryk는 체코 군단에게 러시아 내전에 휘말리지 말고 서부 전선에 합류하란 지시를 내린다. 그는 체코 초대 대통령으로 '독립운동의 아버지'로 불렸다.

하지만 대규모 군단이 독일군 점령지를 뚫고 동부 전선에서 서부 전선으로 이동하는 건 불가능에 가까웠다. 그렇다고 싸울 수 없는 동부 전선에 계속 머물 수도 없었다. 고심 끝에 체코 군단은 유라시아 동쪽 끝 블라디보스토크로 이동해 배편으로 체코 임시정부가 있는 프랑스로 이동한다는 방침을 세운다. 계획에는 난관이 적잖았다. 일단 6만여 명의 병력, 전쟁 물자, 식량 등을 실을 수 있는 열차를 구하는 일부터, 내전이 한창인 시베리아를 관통하기 위한 전투태세 유지까지, 해결해야 할 문제가 한두 가지가 아니었다. 군단 전원이 블라디보스토크로 이동하는 데 시간이 얼마나 걸릴지도 미지수였다. 게다가 무장 병력 이동에 볼셰비키 측이 난색을 표하기까지 한다. 그럼에도 체코 군단은 열차를 구해 그 안에 병원, 우체국, 은행, 신문사* 까지 만들며 불가능해 보이던 대이동을 준비한다.

1918년 2월 현재 우크라이나 지역을 출발한 체코 군단은 볼셰비키의 무장 해제 요구를 거부한 채 세 갈래로 나눠 동진을 이어간다. 이

---

* 이때 발행한 신문 〈체코슬라바키아 덴니크Czechoslovak Denník〉는 1919년 3월 3·1혁명에 대한 기사를 세 차례 소개한 바 있으며, 1920년 3월 7일 자 기사에 한인들의 무기 구입에 대한 내용을 실었다.

동이 시작되자 망명자, 탈영병, 포로 등이 합류하며 그 수는 더욱 불어난다. 1만 5,000명에 이르는 체코 군단 선발대가 블라디보스토크에 처음 입성한 건 1918년 4월경이다. 그리고 몇 달 뒤 베르사유 조약에 따라 오스트리아-헝가리 제국이 붕괴되고, 체코는 연합국의 지지 아래 꿈에 그리던 독립을 선포한다. 그렇게 1918년 10월 28일 체코슬로바키아가 탄생한다.

1920년 9월까지 블라디보스토크에 머물며 차례로 유럽으로 떠난 체코 군단은 우리 독립군에게 다시 오지 않을 서방의 귀인 같은 존재였다. 체코 군단은 전쟁이 끝난 마당에 짐을 줄이고 경비를 마련해야 할 처지였다. 반면 우리 독립군은 무장 강화가 절실했다. 북간도에서 독립군을 양성하던 북로군정서 이범석(1900~1972)이 체코인들과 은밀히 접선한다. 이범석은 회고록《우둥불》에서 당시 상황을 아래와 같이 묘사하고 있다.

> 서쪽으로 떠나는 배를 기다리는 동안 그들은 한국 독립운동의 이야기를 전해 듣고 지난날 그들 자신이 오스트리아 제국 통치 아래 지내온 노예생활을 회상하여 우리에게 동정심을 보였다. 마침내 그들은 블라디보스토크의 무기고에 저장한 무기를 우리 북로군정서에 팔게 되었다. 이 매매는 깊은 밤 빽빽한 삼림 속에서 이루어졌다. 복수와 설욕에 쓰일 이 무기는 삼림 속으로 한 무더기씩 한 무더기씩 우리 손으로 운반되어 왔다.

이때 구매한 무기는 소총 1,200정, 기관총 2정, 박격포 2문, 탄약 80만 발 등이었다. 당시 소총 한 자루 가격은 약 30~35원 사이였다. 이는 노동자들의 한 달 치 월급에 해당하는 금액이었다. 체코 군단이 아무리 값싸게 무기를 넘긴다 해도 군대 무장은 막대한 예산이 필요한 일이다. 그렇다고 기회가 눈앞에 왔는데 자금이 없어 발만 동동 구를 수도 없지 않나. 누군 굳은 살점 같던 가락지를, 누군 쪽머리에서 빛바랜 비녀를, 누군 집 안 어딘가에 꼭꼭 숨겨 놓았던 패물을 들고 나왔을지 모른다. 그것도 없는 사람들은 질그릇이라도 가져가라고 하지 않았을까. 그렇지 않고서야 한인들의 반지, 은비녀, 놋요강 등이 과거 체코 벼룩시장에 쏟아져 나올 이유가 없다. 미뤄 짐작하건대 이것들은 무명 독립운동가들이 내놓은 알토란 같은 또 다른 독립자금이었을 거다.

영혼까지 긁어모아 무기를 손에 넣은 독립군들은 기뻐할 새가 없었다. 그 길로 감시를 피해 본거지까지 은밀히 무기를 운반해야 했다. 무기 운반에는 상황에 따라 다양한 방식이 동원됐는데, 북로군정서는 '인간사슬'을 만들어 블라디보스토크에서 북간도 왕청현까지 약 200킬로미터를 연결하는 릴레이 운반법을 고안했다. 이는 지역을 나눠 여러 운반대가 계주하듯 무기를 옮기는 방식을 말한다. 실제로 200킬로미터 선상에 150명으로 꾸려진 30여 개 운반대가 배치돼 무사히 무기를 옮길 수 있었다고 한다. 여기 동원된 인원은 최대 9,000여 명 정도로 알려져 있다. 무기 운반에는 상황에 따라 우마차를 활용하기도 했고 언 땅을 만나면 썰매를 이용했다. 행군으로 운반하는 경우에는 한 명이 소총 네 정을 양어깨에 나눠 메고 눈을 피해 험한 산길을 내달렸다. 운반대 대부분은 농민들이었다. 구매 협상이 지연되기라도 하면 운반에 나선 북간도 농민들은 손을 놓고 온 농사일로 애간장을 태웠다. 운이 없으면 마적대에게 구입한 무기를 모두 빼앗기기도 했다. 인근 한인 마을의 도움은 필수였다. 마을 사람들은 안전한 길을 안내하고 쉴 곳과 음식을 제공했다. 때에 따라서는 무기 운반을 돕기도 했다. 어렵사리 무기 운반대가 목적지에 도착하면 독립군들은 벅차오르는 마음에 갈쌍거리는 눈을 하고 그들을 맞아주었을 거다. 봉오동·청산리에서의 승리는 이런 보이지 않는 노력의 합인 셈이다.

한편 체코 군단을 이끌던 20대 젊은 지휘관 라돌라 가이다Radola Gajda는 블라디보스토크에서 체코로 갈 때 상해 대한민국 임시정부를 방문한다. 1920년 1월 13일 자 〈독립신문〉은 '가이다 장군 방문기'란 기사를 게재한 바 있다.

여기서 한 가지 짚고 넘어갈 부분이 있다. 체코 군단과의 극적 만남이 우리 독립군에게 큰 도움이 된 건 부인할 수 없는 사실이다. 혹자 중에는 체코 군단이 우리를 동정해 갖고 있던 무기를 값싸게 넘겼다고 본다. 하지만 식민지 지배를 경험한 민족끼리의 뜨거운 내통이란 의견에는 쉬 동감하기 어렵다. 이 무기 거래는 체코 군단 내 소수의 군인들에 의해 이뤄졌을 뿐이다. 이들은 당장의 여비가 필요했고, 전쟁이 끝난 마당에 무기를 더 소지할 필요가 없었다. 따라서 우리 처지에 연민을 느낀 체코 군단 이야기는 가당치 않은 역사의 뒷칠로 보는 편이 합당하다.

15만 원
탈취 의거

북간도 용정에서 블라디보스토크 신한촌으로 이어지는 한 편의 영화 같은 스토리가 있다. '15만 원 탈취 사건'이라 이름 붙은 이 이야기는 송강호, 이병헌, 정우성이 분했던 영화 〈좋은 놈, 나쁜 놈, 이상한 놈〉의 모티브가 됐다. 현재 가치로 150억 원 가량 되는 일제의 돈을 탈취한 거사의 주인공은 윤준희(1892~1921), 임국정(1894~1921), 최봉설(1897~1973), 박웅세(1897~미상), 한상호(1899~1921), 김준(1900~1979) 등 여섯 명의 '철혈광복단' 단원들이다. 여기에 조선은행 용정 출장소 행원 전홍섭(1890~1938)도 전대미문 사건 주역으로 빼놓을 수 없는 인물이다. 이 이야기는 이렇게 시작된다.

1920년 1월 4일 이른 아침. 함경북도 회령에서 북간도 용정으로 가는 현금 호송대가 출발한다. 회령에서 용정까지는 당시 약 48킬로미터 거리였다. 호송대는 현금이 담긴 철제 궤짝과 우편물 행낭을 실은 말 두 필 그리고 여섯 명의 인원으로 이뤄졌다. 이들의 주요 임무는 식민지 수탈을 위해 일제가 설립한 조선은행 회령 지점에서 용정 지점으로 15만 원의 현금을 수송하는 일이었다. 앞서 두 차례 현금 수송이 더 있었다. 그 금액은 도합 63만 원이나 됐다. 이는 연길과 회령을 연결하는 철도 공사 자금이었다. 철혈광복단 단원들은 이 돈을 독립자금으로 사용하려 했다. 그들은 거사를 위해 블라디보스토크에서 미리 무기를 입수해 발싸심하게 날을 기다리고 있었다. 그러던 어느 날 전홍섭이 1월 4~5일 현금 호송이 이뤄진다는 정보를 전한다.

돈을벌에 회령을 출발한 현금 호송대는 저녁 6시경 용정을 6킬로미터 가량 앞두고 있었다. 해는 이미 서산으로 넘어간 뒤였다. 한겨울 이른 어둑발이 짙어지던 시간대 멀리 용정 시내 불빛이 끄먹거렸다. 호송대도 서서히 긴장이 풀려갔다. 윤동주가 태어난 명동촌 인근 동량어구東良於口에 다다랐을 때였다. 중국인 마적단 복장을 한 채 매복하던 철혈광복단 단원들이 총을 쏘고 철봉을 휘두르며 비호처럼 달려든다. 순식간에 작은 강변에 '탕! 탕! 탕!' 매서운 총소리와 살기 어린 고함 소리가 날카롭게 뒤섞여 울려 퍼졌다. 앞장서던 일본인 순사가 그 자리에서 총상을 입고 고꾸라졌다. 호송대에 포함돼 있던 조선인 상인 한 명도 총알이 박힌 채 나자빠졌다. 뒤따르던 다른 호송대원들은 이 모습에 잔뜩 겁을 집어먹고 숲속으로 줄행랑을 친다. 윤준희가 총소리에 놀라 날뛰던 말 고삐를 낚아채 올라탔다. 최봉설도 재빨리 다른 말 등에 올랐다. 이들은 서쪽 화룡 방면으로 말 머릴 돌렸다. 눈 덮인 벌판에서 발자국은 도주 방향을 그대로 노출시킬 우려가 있었다. 추격을 따돌리기 위해 약속한 목적지 반대 방향으로 일단 말을 몰았다. 박웅세와 김준은 계획대로 대열에서 이탈해 몸을 숨긴다(훗날 박웅세는 사회주의 항일 단체 적기단에 들어가 독립운동을 이어가고, 필력이 좋았던 김준은 블라디보스토크에서 창간된 한인 신문 〈선봉〉 등에서 일하다 1937년 중앙아시아로 강제 이주된다).

윤준희, 최봉설은 말을 몰고 임국정, 한상호는 필사적으로 말총을 보며 뛴다. 단원들은 깊은 숲속에서 방망이질하는 심장을 진정시키며 탈취한 내용물을 확인했다. 철제 궤짝 안에는 10원짜리 지폐로 5만 원, 5원짜리 지폐로 10만 원 도합 15만 원이 꽉 차 있었다. 이들은 입을 다물지 못한다. 당시 블라디보스토크에서 구할 수 있는 체코 군단 소총은 탄환 100발을 합해 30원 선이었다. 기관총 한 문은 200원 정도였다. 단순 계산하면 15만 원은 소총 5,000자루와 맞먹는 금액이 된다. 김좌진이 사령관으로 있던 북로군정서 인원이 500명 정도였던 걸 감안하면 이 돈이 얼마나 큰 자금이었는지 알 수 있다.

돈을 확인한 단원들은 꾀를 낸다. 임국정이 추격자를 유인하기 위해 말 두 필을 몰아 서쪽 백두산 방향으로 더 들어가고, 나머지는 현금 다발을 챙겨 몸을 숨기기로 한다. 현금을 짊어진 셋은 길림성 왕청현 의란구로 향한다. 이 교란책은 일제의 초동 수사에 혼란을 야기한다. 의란구 산속 외딴집에는 산포수 생활을 하던 철혈광복단 단원이 살고 있었다. 산길을 밤새 걸어 새벽 갓밝이에 조용히 문을 두드렸다. 이곳에서 단원들은 대한국민의회 군무부장 대리 김하석과 접선한다.

단원들이 다 모이자 난상 토론이 이어진다. 돈을 들고 연해주 어디로 갈지가 쟁점이었다. 최봉설, 한상호는 홍범도 세력 근거지 하마탕(蛤蟆塘, 현재 라즈돌리노예역 인근)으로 가자고 했고, 윤준희, 임국정은 김하석이 의견을 낸 신한촌행에 동조했다. 당시 블라디보스토크는 시베리아에 출병한 일본군의 본거지였을 뿐더러 일본 총영사관까지 있어 비밀경찰과 밀정이 우글대던 복마전伏魔殿이었다. 그럼에도 단원들은 신한촌을 행선지로 선택한다. 여기에는 김하석의 입김이 작용했다. 역사에 가정은 없다지만 이때 하마탕을 향해 북진했다면 거사의 결과가 좀 달라지지 않았을까, 하는 부질없는 뜬생각을 떨칠 수 없는 대목이다. 여하간 일행들은 포시에트 항구를 출발 1920년 1월 9일 희붐한 새벽 블라디보스토크에 도착한다.

의표를 찔린 일제는 범인 색출에 혈안이 된다. 먼저 사건 당일 저녁 전홍섭을 체포한다. 또 현장 부근 한인 마을을 들쑤시고 다니며 수색에 나선다. 하지만 소득이 없었다. 단서를 찾기 위해 평소 일제에 적개심을 보인 마을과 인물로 수사 범위가 확대된다. 무차별 수색은 국경 교통까지 마비시킨다. 수사 방향이 잡힌 건 철혈광복단 단원들이 블라디보스토크에 도착한 직후였다. 이때부터 일제는 단원들이 살던 마을을 쥐 잡듯 수색하며 죄 없는 사람들을 을러댄다. 이 과정에서 최봉설의 가족들이 체포돼 고문을 받는다. 그렇다면 일제는 거사의 단서를 어떻게 잡아냈을까. 전홍섭을 고문해 얻은 정보는 아니었을까. 이 추론이 가장 합리적으로 보이나, 그는 2주간이나 지독한 고문을 견디며 어떤 정보도 발설하지 않았다고 한다. 시간을 벌어주기 위한 고행이었다. 학계에서는 이 과정에 '김 아무개'라고만 알려진 밀정의 밀고가 있었던 것으로 보고 있다.

신한촌에 도착한 단원들은 각기 다른 네 곳에 거처를 마련한다(그러다 김하석이 효율적 회의 진행을 위해 흩어져 있던 숙소를 한곳으로 모으자고 제안, 나중에 숙소를 옮기게 된다). 자금 사용 논의가 본격화된다. 이들은 무기 확보, 연해주 무관 학교 설립, 신문 발간을 위한 건물 구매 등 크게 세 가지로 자금 사용처를 정한다. 계획은 곧바로 착수돼 신한촌에 건물을 구입하고 체코 군단 무기를 사들이기 위한 접선이 진행된다. 무기 구매는 임국정이 담당하기로 한다. 그는 나자구羅子溝 사관학교*를 살리기 위해 우랄 벌목장까지 다녀온 인물이었다. 체격이 다부졌고 체력이 좋아 더할 나위 없는 적임자였다. 무기 구매 중간 다리 역할은 엄인섭이 맡는다. 그는 안중근과 함께 의병장으로 명성을 떨친 바도 있고 러시아어를 모국어처럼 구사했다. 단원들은 그를 믿었다. 체코 군단과 협상을 벌이던 임국정은 소총 1,000자루, 기관총 10문에 탄약을 더해 3만 2,000원에 합의를 성사시킨다. 물건을 넘겨받기로 한 날은 1월 31일 밤이었다.

---

* 공식 명칭은 왕청현 제1 고등 국민학교였다. 중국 길림성의 정식 승인을 받은 학교로 2년 속성 과정이 있는 군사 학교였다. 교장은 중국인이 맡았지만 설립 운영은 이동휘를 중심으로 신민회 인사들이 주축이었다. 학생 수는 120명 전후였다. 나자구는 일명 대전자(大甸子)로 불렸는데 한인들은 이 학교를 비공식적으로 대전학교 내지는 동림무관학교 등으로 칭했다.

단원들은 다음 날 있을 무기 거래에 한껏 들뜬 채 신한촌의 한 가옥에서 밤 12시경 잠자리에 든다. 단잠에 빠져 있을 새벽 3시. 숨소리를 죽이고 은밀히 일본 헌병대 한 개 소대가 단원들이 잠들어 있는 가옥을 포위한다. 작전 지휘자는 고등경찰 기토 가쓰미木藤克己였다. 대문을 두드렸다. 안에서 집주인이 "누구요?" 하고 묻는다. 겉잠을 자다 이 소리에 불길한 기운을 느낀 최봉설이 화급하게 동료들을 깨웠다. 순간 정신을 차릴 새도 없이 일본 헌병들이 집 안으로 쏟아져 들어왔다. 각자 무기가 있었지만 며칠 전 김하석이 세 사람의 권총과 수류탄을 빌려간 뒤였다. 윤준희만 권총을 소지하고 있었는데 순식간에 일어난 일에 저항할 틈도 없이 제압당하고 만다. 비용으로 쓰고 남아 있던 13만 원 가량이 고스란히 일제 손아귀에 들어간다.

하지만 최봉설은 찰나의 순간 한 헌병 얼굴에 주먹을 적중시킨다. 동시에 사타구니를 걷어차고 연달아 박치기를 강타하며 기적처럼 포위망을 뚫어낸다. 그는 비호처럼 뒷문으로 몸을 날려 담을 넘어 사력을 다해 내달린다. '탕! 탕! 탕!' 헌병들이 총을 쏘며 추격한다. 거의 사정권을 벗어났을 무렵 오른팔에 탄환 한 발이 명중한다. 뜨거운 검붉은 피가 흘러내리며 극심한 통증이 엄습했다. 이대로 주저앉다가는 얼마 못 가 체포될 게 뻔했다. 최봉설은 총상 부위를 부여잡고 필사적으로 추격을 따돌린다. 하지만 옷도 신발도 제대로 갖추지 못한 걸음이었다. 블라디보스토크의 한겨울 추위에 몸이 빠르게 식어 갔다. 후미진 곳에서 동사하지 않으려면 서둘러 몸을 녹이고 부상을 치료할 안전한 장소를 찾아야 했다. 최봉설은 블라디보스토크에서 처음 묵은 숙소를 떠올린다. 주인은 채성하란 사람이었는데, 그의 딸은 블라디보스토크 애국부인회 회장을 맡고 있는 채계복이었다. 거기라면 믿을 만했다. 최봉설은 천신만고 끝에 추격을 따돌리고 옹송그린 채 채성하의 여관으로 숨어든다.

1921년 8월 25일 서대문형무소에서 윤준희, 임국정, 한상호의 사형이 집행된다. 그들 나이 서른, 스물일곱, 스물셋 때 일이었다.

> 우리의 행위는 조선민족으로서 정의와 인도에 기초해 의사가 발동하여 행한 일이기에 제1, 2심에서 받은 유죄 판결은 부당하며 복종할 수 없다.

재판 과정에서 단원들이 항변한 내용이다. 그들은 죽는 날까지 투쟁을 놓지 않았던 진정한 투사들이었다. 전홍섭은 15년 형을 언도받고 투옥 12년 만에 병보석으로 풀려난다. 자유의 몸이 된 그는 일제 눈을 피해 연해주로 망명하는데, 그 뒤로 알려진 게 거의 없다. 구사일생으로 살아남은 최봉설은 연해주와 만주 등에서 독립운동을 이어가다 1937년 우즈베키스탄 호레즘으로 강제 이주된다. 그의 무덤은 현재 카자흐스탄 쉼켄트Shymkent에 있다.

이 이야기 끝에서 제안 하나를 해본다. 북간도와 연해주를 넘나들며 독립운동에 기꺼이 목숨 바친 철혈광복단 단원들의 대바른 결기를 생각한다면, 이 거사는 '사건'이 아닌 '의거'가 돼야 마땅하다. 앞으로 '15만 원 탈취 의거'라 부르는 거 어떤가.

이 사진은 지난 2023년 7월 중국 연변조선족자치주 용정시 동량리(東陽里) 인근에 서 있는 '15만 원 탈취 의거' 기념비를 찍은 장면이다. 얕은 야산 사면에 세워져 있는 기념비는 철혈광복단 단원들이 일제의 자금을 탈취한 현장을 바라보고 있다.

15만 원 탈취 의거지

밀정과 한글 활자 절도 사건

앞선 이야기 등장인물 중 최재형의 외조카이자 안중근의 의형제였던 엄인섭이 있었다. 그는 동의회 의병 좌영장으로 국내 진공작전에 참여한 용맹한 의병장 중 한 명이었다. 일본 측 기록에 따르면 엄인섭은 1909년 봄 이토 히로부미를 암살하겠다며 안중근과 단지한다. 경술국치 이후에는 권업회 등에 참여한다. 1913~1914년 제2 러일 전쟁 발발 소문이 나돌 때쯤 홍범도와 어깨를 나란히 하며 독립운동 지도자로 다시금 주목받는다. 당시 이동휘는 한 모임에서 "홍범도와 엄인섭 두 장군의 활약을 보는 날이 있으리라 믿는다"고 말했다고 한다. 그런데 10여 년 전부터 엄인섭이 묘절한 밀정 거두란 전혀 예상치 못한 사실이 밝혀진다. 그가 우리 독립운동에 끼친 해악을 하나씩 짚어가다 보면 실로 외마디 비명이 터져 나올 지경이다. 백 명 아니 천

명의 일본군보다 한 명의 밀정이 무서운 법이다. 의병장으로 칭송받던 그가 어쩌다 모살한 밀정이 됐을까.

엄인섭은 함경북도 경흥에서 태어나 유년기 연해주로 이주한다. 1900년 중국에서 의화단 사건이 발발하자 러시아군으로 복무한 뒤, 러일 전쟁에서 통역으로 일하기도 했다. 성격은 대담한 편으로 키 164센티미터에 다소 몸집 있는 체구로 힘자랑하기를 좋아했다고 한다. 그는 1907년 겨울 안중근, 김기룡과 의형제를 맺는다. 그런 뒤 연해주 동포 사회를 순회하며 청년 동지 87명을 규합하고 무기와 자금을 모아 나간다. 이듬해 4월 동의회 부회장에 선임되고, 그해 여름 국내 진공작전에 나선다. 하지만 안중근과 포로 처리 문제로 의견 차이를 보이며 대열에서 이탈한다.

이즈음 그의 이중적 삶이 시작된다. 엄인섭은 1908년 11월 스스로 일본 영사관을 찾아가 자신을 밀정으로 써달라고 부탁했다고 한다. 만약 이 이야기가 사실이라면 시기적으로 국내 진공작전 직후가 된다. 즉 엄인섭은 단지 전부터 이미 밀정의 길을 걷고 있었던 셈이다. 그렇다면 그의 단지는 믿음직한 스파이가 되기 위한 한낱 쇼가 될 뿐이다. 그는 왜 나라를 등지고 치욕의 길을 갔을까. 힌트는 그의 사생활에 있다. 엄인섭의 평판은 그리 좋지 못했다. 성격이 포악하고 방탕한 생활을 즐겼는데, 아내 외에 여러 명의 첩을 두고 있었다. 게다가 도박에도 손을 댔다. 그에게 가장 필요한 건 무엇이었을까. 다름 아닌 돈 아니었을까. 당시 30원 정도가 일제 순사 월급이었는데, 밀정 한 달 활동비는 이보다 높은 45원 수준이었다. 물론 정보의 양과 질에 따라 추가 보상이 뒤따랐을 거다. 이로 미루어 볼 때 돈은 그를 이해하는 가장 적확한 단어일지 모른다.

엄인섭의 밀정 파트너는 앞서 언급한 일본 외무성 촉탁 조선총독부 통역관 기토 가쓰미였다. 그는 1910년 블라디보스토크 일본 총영사관에 파견된 중견 관료였다. 통역관은 위장 신분이었고 그의 진짜 소속은 고등경찰과 기밀계였다. 이 말은 그가 무뢰 한인(당시 한인 독립운동가를 멸시하며 부르던 말)을 감시하고 탄압하는 일의 책임자였단 뜻이다. 그는 1922년까지 블라디보스토크에서 밀정을 관리하며 독립운동의 동태를 면밀히 주시한다. 이 기간 기토와 엄인섭의 합작은 독립운동에 이루 말할 수 없는 해악을 끼친다. 지금까지 밝혀진 내용을 요약하면 이렇다.

우선 엄인섭은 1911년 5월 홍범도 체포 계획을 기토에게 역제안한다. 군자금을 미끼로 홍범도를 하얼빈으로 유인 급습한다는 각본이었다. 다행히 체포 작전은 수포로 돌아간다. 만약 이때 계략에 휘말려 홍범도에게 변고가 생겼더라면 봉오동, 청산리로 이어지는 승리의 역사가 다시 쓰였을지 모른다. 엄인섭은 1911년 6월 간도 총영사관에서 파견한 밀정 서영선을 탈출시킨다. 같은 해 8월 밀정 김기양을 구출하란 지령을 받고 활동에 나섰다 실패한 일도 있다.

그러다 〈대양보大洋報〉의 항일 논조를 두고 볼 수 없던 기토가 기획하고, 일제의 충견 엄인섭이 실행한 희대의 '인쇄 활자 절도 사건'을 일으킨다. 블라디보스토크에서 발행된 한인 신문은 〈해조신문〉, 〈대동공보〉, 〈대양보〉, 〈권업신문〉으로 맥을 이어간다. 이 중 〈대양보〉(목일 주 2회 발행)는 1911년 6월 18일 처음 발행된다. 유진율이 편집·발행인을 맡고, 신채호가 주필로 일했다. 〈대양보〉는 1911년 8월 29일 경술국치 1주기를 맞아 강도 높게 일제를 비판한다. 평소 600부이던 인쇄 부수를 1,400부로 늘려 잡고 무료 배포까지 한다. 그러던 9월 어느 날 밤, 〈대양보〉 인쇄소에 엄인섭이 몰래 잠입해 95킬로그램에 육박하는 한글 활자 1만 5,000개를 훔쳐 달아난다. 보유한 전체 활자 중 3분의 2에 해당하는 양이었다. 〈해조신문〉 때부터 사용하던 금쪽 같던 한글 활자는 그 길로 일본 총영사관에 넘겨진다. 활자가 없어 신문을 찍지 못하게 된 〈대양보〉는 9월 17일 자 14호를 끝으로 정간된다. 이 사건은 두고두고 한인 민족지 발행에 악영향을 끼치는데 〈권업신문〉이 석판 인쇄된 건 바로 이 때문이다. 더 기막힌 건 엄인섭이 〈권업신문〉을 발행한 권업회 지도자 중 한 명이었단 사실이다. 당시 그는 홍범도가 부장을 맡고 있던 권업회 사찰부 부원이었으며 심지어 권업회 회장 선거에 나선 바도 있다.

여기서 끝이면 좋으련만, 1919년 3·1혁명 전후 최재형 등 주요 독립운동가들이 신한촌 엄인섭의 집을 회의 장소로 곧잘 사용한다. 상어 이빨을 가진 악어의 아가리에서 논의된 안건은 파리강화회의 대표 파견, 독립선언서 선포, 국내 진공작전 등과 같이 매우 예민한 사안들이었다. 그러던 중 '15만 원 탈취 의거'가 일어나고, 신한촌에서 철혈광복단 단원들이 체포되기에 이른다. 여기 연루된 밀정이 바로 엄인섭으로 알려져 있다. 불행 중 다행인 건 '15만 원 탈취 의거'로 그의 길고 긴 밀정 생활이 탄로 났단 사실이다. 더 이상 연해주에 머물 수 없게 된 그는 시베리아에서 철군하는 일본군을 따라 함경북도 경흥으로 간다. 하지만 일본어가 서툰 그였다. 일제는 밀정으로 활용 가치가 떨어진 엄인섭을 용도 폐기한다. 그는 강 건너 중국 훈춘으로 향한다. 그 뒤 엄인섭은 어떤 삶을 살았을까. 필설에 따르면 "일본 정탐 놈"이란 손가락질 속에 1936년 여름 훈춘에서 피를 토하며 죽었다고 한다. 이때 "내가 김하석이 말을 듣다 천추만대에 왜놈 정탐배로 죽는구나"란 말을 남겼다는데, 확인할 길은 없다.

위대한 여정의 시작점

짭조름한 해풍이 노니는 블라디보스토크 독수리 전망대. 갓 세수한 것 같은 청명한 하늘 아래 성긴 햇발을 쬐고 있는 금각만이 물비늘을 털어낸다. 윤슬을 따라 아득해 보이는 난바다로 시선을 옮기면 속절없이 감상에 잠긴다. 시선을 든바다로 당기면 연해주를 차지한 러시아인들의 검지와 중지 같아 보이는 금각만 대교의 V자 주탑 두 개가 눈앞이다. 감탄보단 탄식에 가까운 풍광은 영국과 러시아가 유라시아 대륙의 패권을 놓고 벌인 그레이트 게임The Great Game으로 뒤바뀐 얄궂은 이 땅의 운명을 되돌아보게 한다.

독수리 전망대에서 바라보는 이 땅은 원래 청나라 영토였다. 그러다 1~2차 아편 전쟁으로 힘이 약해진 청나라가 1858년 흑룡강성 북쪽 아이훈瑷琿에서 러시아와 '아이훈 조약'을 체결하고 아무르강(흑룡강) 이북 아무르주, 하바롭스크주 일대를 내준다. 이때 러시아가 얻은 영토는 한반도 세 배 크기였다. 또 연해주 일대 40만 제곱킬로미터의 청나라 땅을 공동 관리하게 된다.

그러는 사이 영국, 프랑스 연합군이 청나라 조정이 있는 베이징을 점령하는 사건이 터진다. 1860년 러시아가 중재에 나선다. 당시 스물여덟 살이었던 러시아 협상 대표 니콜라이 이그나티예프Nikolai Ignatiev 백작은 청나라에 영국, 프랑스 연합군을 베이징에서 철수시킬 수 있다며, 그 대가로 연해주 땅을 요구한다. 반면 영국, 프랑스 연합군에게는 곧 겨울이 오면 강물이 얼고 폭도들이 들이닥칠 거라 위협 아닌 위협을 한다. 청나라는 연해주를 러시아에 내주기로 한다. 영국, 프랑스군도 베이징에서 물러난다. 이로써 러시아는 청나라와 베이징 조약을 체결하고 총 한 발, 피 한 방울 흘리지 않고 광활한 연해주 땅을 손에 넣는다.

독수리 전망대에서 내려와 육교를 지나 극동연방대학 과학박물관으로 향했다. 정원 한쪽에 서 있다는 포석 조명희(1894~1938) 문학비를 찾았다. 조명희는 펜으로 일제에 맞선 문학인이었다. 특히 1925년 8월 결성된 사회주의 문학단체 카프(조선프롤레타리아예술가동맹KAPF; Korea Artista Proleta Federatio의 통칭) 작가로 알려져 있다. 그의 대표작은 수탈의 실상과 저항 정신을 그린 《낙동강》, 《짓밟힌 고려》 등이다. 조명희는 1923년 3월 1일 블라디보스토크에서 창간된 한글 신문 〈선봉〉* 등에서 편집을 담당했으며 1928년 우수리스크 인근 육성촌(추풍사사 중 하나)과 하바롭스크 등지에서 교편을 잡기도 했다. 이렇듯 문학과 교육으로 일제 침탈에 맞섰던 조명희는 1938년 하바롭스크에서 간첩 누명을 쓰고 총살된다.

왠지 주변과 잘 어울리지 못한 채 덤덤하게 서 있는 조명희 문학비를 둘러보고 시내 방향으로 걸음을 옮겼다. 그러다 작은 개선문을 만났다. 이 문은 1891년 러시아 황태자 니콜라이 2세의 방문을 기념해 만들어졌다. 당시 니콜라이 2세는 시베리아 횡단 철도 착공식에 참석해 블라디보스토크역에 주춧돌을 놓았다. 이곳에서 길을 따라 살랑살랑 바닷바람을 쐬며 걷다 보면 한 시대를 풍미했던 영화배우 율 브리너Yul Brynner 생가를 만난다. 거기서 장장 9,288킬로미터의 지구상 최장 노선, 완전 개통까지 공사 기간 25년, 배낭여행자들의 로망 등 화려한 수식어를 보유하고 있는 시베리아 횡단 철도의 시작과 끝, 블라디보스토크역이 지척이다. 이 역은 우리 역사의 결정적 순간에 여러 번 등장하는데, 그냥 넘길 수 없는 장면 중에는 1907년 5월 이상설과 이준(1859~1907)이 헤이그를 향해 어기차게 장도에 오르는 날도 있다. 헤이그 특사를 떠올려 보기에 이만한 장소도 없다. 그들이 열차에 오르던 날 즈음으로 역사의 시계를 되돌려 보자.

• 국외에서 발행된 한인 신문 중 최초 한글 가로쓰기를 실시했던 이 신문의 원래 창간 제호는 〈삼월일일〉이었는데, 제4호부터 〈선봉〉으로 변경해 발간했다. 중앙아시아 강제 이주 뒤에는 1938년 〈레닌기치〉, 1991년 〈고려일보〉로 재차 제호를 변경해 명맥을 이어가고 있다.

포석 조명희 문학비
В ПАМЯТЬ
О ПИСАТЕЛЕ
ЧО МЁН ХИ

11.05.1891

블라디보스토크역

ВЛАДИВОСТОК

4

헤이그,
상트페테르부르크

숨 가쁜 준비

교과서는 기초적 지식과 교양을 쌓게 해준다. 하지만 감정을 전달하기에는 부족함이 있다. 헤이그로 향하던 날이 아직도 생생하다. 말로만 듣던 만국평화회의가 열렸던 장소는 실제로 어떤 느낌일까. 망국의 끝자락, 절박함에 숨죽이며 지구 반대편으로 달려간 사내들, 거기서 마주해야 했던 깊은 무력감. 그 현장은 지금 내게 어떤 말을 걸어올까. 한껏 가슴을 두근거리게 만들었던 땅, 헤이그.

고종은 러시아의 초청과 후원에 힘입어 1907년 6월 네덜란드 헤이그에서 개최되는 만국평화회의에 특사를 파견하기로 결심한다. 불법적 국권 침탈과 을사늑약의 부당함을 전 세계에 알리려는 시도였다. 당초 헤이그 만국평화회의는 1906년 개최가 계획돼 있었고 고종은 이용익(1854~1907)을 파견하려 했다. 이용익은 함경북도 명천 태생으로 대한제국 시기 고종의 금고지기로 불리며 황제의 총애와 신임을 한 몸에 받은 인물이다. 1905년 을사늑약을 반대해 일본에 강제로 끌려가는데, 귀국 뒤 만국평화회의 특사로 임명된다. 헤이그 특사 이준이 집안 조카가 되며, 독립운동가 이종호가 그의 손자다.

하지만 회의가 1년 연기되고, 설상가상 1907년 2월 이용익이 급사하는 변고가 생긴다. 고종은 서둘러 다른 특사를 구해야 했다. 상동파 인사들이 움직이기 시작한다. 상동파는 상동교회 교인들과 교회에 출입하는 독립운동가를 아우르는 말인데, 일반적으로 상동교회 전덕기 목사와 연이 있는 여러 애국지사를 포함한다. 상동파는 헤이그 특사 파견에서 특사 선정과 비용 모금 등 중추적 역할을 담당했다.

상동교회 청년회장이었던 이준이 전덕기 목사를 찾아간다. 교회 지하실에서 비밀리에 특사 파견과 자금 모금 계획 등이 논의된다. 이곳은 이회영, 이동녕, 양기탁 등 독립운동가들의 회합 장소로 쓰였는데, 1907년 안창호의 발기로 조직된 비밀 결사조직 신민회新民會 창립지이기도 하다. 논의 결과 특사는 정사 이상설(전 의정부 참찬), 부사 이준(전 평리원 예심판사), 부사·통역 이위종(러시아 공사관 참서관)으로 구성되고 선교사 호머 헐버트(Homer Hulbert, 1863~1949)가 제4 특사로 낙점된다. 이준이 어렵게 덕수궁 중명전에서 고종을 알현하고 특사 파견 계획을 아뢴다. 이때 고종은 상당한 규모의 내탕금을 지원한 것으로 알려져 있지만 어찌 된 영문인지 자금이 제대로 전달되지 않은 것으로 보인다.

자금도 문제였지만 출발까지는 한 달밖에 시간이 없었다. 촉박한 준비 기간 안에 고종에게 특사들의 신임장과 친서 등을 건네받아야 하는 숙제도 풀어야 했다. 일제 통감부는 1906년 7월 궁금령宮禁令을 내려 고종이 신하들을 만나지 못하게 차단하고 있었다. 의병 활동 배후가 고종이란 이유에서였다. 비밀리에 궁녀와 내시를 동원해 고종이 수결하고 국새가 찍힌 백지 위임장과 친서가 궁 밖으로 전달된다. 준비를 끝낸 이준은 1907년 4월 22일 한양을 떠나 부산을 거쳐 블라디보스토크로 향한다. 4월 26일 블라디보스토크에 도착한 이준은 북간도 용정에서 서전서숙瑞甸書塾*을 운영하던 이상설에게 전보를 보낸다. 드디어 블라디보스토크에서 만난 두 사람, 하지만 그들은 곧바로 헤이그로 출발하지 못한다. 경비가 부족했기 때문이다. 특사들은 연해주 동포 사회를 순회하며 손을 내민다. 2만 원의 자금이 모인다. 가까스로 5월 21일 블라디보스토크역에서 시베리아 횡단 열차에 몸을 싣고 하얼빈을 지나 이르쿠츠크를 경유해 장장 보름을 달려 6월 4일 상트페테르부르크에 닿는다. 이범진 공사가 이상설과 이준을 반긴다. 여기서 그의 아들 이위종이 특사 대열에 합류한다.

---

* 서북간도 최초 신학문 민족 교육 기관으로, 1905년 을사늑약이 체결되자 만주로 망명한 이상설·이동녕 등이 1906년 설립했다.

이범진은 누구인가?

러시아 초대 공사 이범진은 누구인가. 병인양요 때 프랑스군과 싸운 포도대장 이경하의 서자로 태어난 그는 과거 급제 뒤 명성황후 눈에 들어 출세 가도를 달린다. 1896년 아관파천을 주도한 인물 중 한 명이 이범진이었다. 그 후 그는 미국 워싱턴 주재 특명전권공사로 파견돼 4년 정도 재직한다. 그리고 프랑스·오스트리아·러시아 3국 겸임 공사에 임명돼 파리에 부임하지만 일본을 견제하기 위해 1901년 상트페테르부르크 상주 공사로 파견된다.

일본은 1904년 2월 23일 한일의정서를 체결하고 이범진의 소환을 집요하게 요구한다. 이에 고종은 1904년 5월 18일 상트페테르부르크 공사관 폐쇄와 공사 소환을 지시하고 9월 1일 자로 이범진을 공사직에서 면직한다. 그러면서 고종은 "귀환 명령은 일본의 압박에 따른 것이므로 러시아에 남아라"란 밀명도 함께 전달한다. 이범진은 1907년 6월 헤이그 특사들이 상트페테르부르크에 도착하자 물밑에서 활동을 돕는다. 1908년 봄 이위종을 연해주로 보내 막후에서 동의회 창설을 지원하는데, 이때 이범진이 내놓은 자금은 1만 루블에 달한다. 이는 현재 가치로 수십억 정도다. 1909년 안중근이 하얼빈에서 이토 히로부미를 처단하자 일제는 배후 세력 검거에 착수한다. 이범진과 이위종 부자가 유력한 용의자로 지목된다. 이 일로 국내에 있던 이범진의 장남 이기종이 3개월간 모진 고문을 당한다. 이처럼 일제는 가족에 대한 탄압과 감시, 국내 재산 몰수로 이범진을 압박하는 동시에 신변 보장과 면책을 미끼로 끊임없이 회유한다. 하지만 그는 끝까지 러시아에 남아 독립운동을 지원한다.

1910년 8월 29일 경술국치, 대한제국이 망국에 이른다. 이 재앙 앞에 이범진은 10월경 모든 재산을 정리해 연해주 한인 사회와 이범윤, 이상설, 유인석, 안중근의 부인, 민긍호의 부인 등에게 독립자금을 전달한다. 또 미국 동포들이 운영하던 신한민보사, 한인소학교 등에 자금을 보낸다. 이때 그가 내놓은 자금은 1만 2,000루블이었다. 이범진에게는 빈곤이 벗처럼 남겨진다. 그는 마지막 계획으로 자신을 파괴하고자 한다. 최후의 항거였다. 이범진은 1911년 1월 22일 상트페테르부르크의 한 장례 회사를 찾아가 2,500루블을 지불한다. 이는 자신의 장례 비용과 블라디보스토크까지의 운구 비용이었다. 내 죽음을 부탁한다고 말하는 그를 장례 회사 직원들은 어떻게 바라봤을까.

이범진은 고종, 이기종, 니콜라이 2세에게 전할 유서 세 통을 작성한다. 그리고 1911년 1월 26일 오전 쵸르나야강 인근 작은 집에서 흰색 두루마기를 입고 천장 등에 목을 맨다. 그는 허공에서 발버둥 치며 권총 세 발을 발사한다. 고통을 줄이고 싶었던 것 같다. 그런데 총알 세 발 다 불행과 다행 모두를 빗맞힌 채 벽에 가 박힌다. 숨이 끊어진 그의 발밑에는 조그만 책상이 엎어져 있었다고 한다. 이범진의 시신은 일제의 훼방으로 연해주로 가지 못하고 1911년 2월 3일 상트페테르부르크 우스펜스키 공동묘지에 안장된다.

상트페테르부르크 대한제국 공사관이 있던 건물

이범진 순국지 터

기록되지 못한 사후

어딘가 모르게 소슬한 분위기가 낮게 깔린 상트페테르부르크 북방묘지(옛 우스펜스키 공동묘지) 앞, 입구 표지판에는 이곳에 묻힌 유명 인사 명단이 적혀 있었다. 시선을 위에서 아래로 내리다 보면 여섯 번째 줄 '리범진Li Bom Dzhin 1852~1911 한국 공사 왕자'란 글귀가 또렷하다.

이범진의 흔적을 찾으러 어지럽게 길을 잡아 나갔다. 살아 있는 육신이 부럽기라도 한 걸까, 비석에 새겨진 망자의 초상이 전부 날 쏘아보는 것만 같았다. 묘지는 시신을 땅속에 묻은 곳이지만 모든 이야기를 침묵 속에 몰아넣는 공간이기도 하다. 얼마나 많은 서사가 발밑에 잠들어 있을까. 그 소리 없음을 깨우는 방법은 사람들의 기억뿐이다. 허나 기억의 유통기간은 그리 길지 않다. 시간은 어떻게 해서든 모든 걸 존재하지 않던 순간으로 되돌려놓으려 한다. 그래서 기록은 인간이 죽음에 맞서는 가장 확실한 방법일지 모른다. 불행하게도 기록되지 못한 채 죽음에 이른 자들은 전부 어디로 간 걸까. 어디선가 남겨지지 못한 한을 한탄하고 있진 않을까. 아니면 미련 없이 완전한 소멸에 이르렀을까.

이범진이 이곳에 처음 안장되는 순간을 기록한 사진은 어디에도 없었다. 바라건대 곁눈도 주지 않은 켜켜이 먼지 쌓인 자료 더미 속 어딘가에 그의 기록이 남아 있으면 좋겠다. 하지만 현재 결과라면 애석하게도 사후 기록을 후대에 온전히 전달하는 데 실패한 것 같다. 지난 2000년 러시아에서 이범진의 장례식 당시 영상 필름이 발견된 바는 있다. 그의 무덤에는 사진이 박혀 있었을까. 만약 있었다면 그는 영원히 그 안에서 불멸했을 텐데. 기록이 없다는 건 이런 허망한 희망을 품어야 하는 일인지 모른다. 언젠가 강연이 끝나고 한 중앙부처 공무원이 "우리도 국외독립운동사적지 사진 다 갖고 있어요"라고 입찬소리를 했다. 그 말이 사실이라면 참 다행이다. 기록해놓은 게 있으니. 그런데 그가 갖고 있다는 기록이라는 게 참 수준이 형편없기도 하거니와 지속적이지 못한 걸 잘 알고 있다. 기록이 무엇인지 제대로 인식하지 못하는 자들이 내뱉는 듣그러운 말을 들을 때마다 가슴이 저민다. 오늘도 현장은 계속 바뀌고 있다. 놓치지 말아야 할 명제는 '100년 뒤 후손들에게 무엇을 물려줄 것인가'다.

사진 속에 산 채로 살고 있는 망자들의 시선을 받아내다 운 좋게 공동묘지 인부를 만났다. 찾고자 하는 곳 위치를 물었다. 무뚝뚝 무관심해 보이는 러시아인의 작은 손짓 한 번에 방향이 잡혔다. 인부가 가리킨 길을 따라가자 저만치 익숙한 한글이 눈에 띈다. 이범진 묘소는 1975년 무연고로 분류돼 흔적조차 없이 사라졌다. 그러다 2002년 7월 탄생 150주년을 맞아 대한민국 정부가 북방 묘지 한쪽에 추모비를 세워 현재에 이르고 있다. 추모비 앞에 꽃바구니가 놓여 있었다. 시들해진 꽃이 주는 먹먹함보다 안도감이 컸다. 배낭을 풀고 절을 두 번 올렸다. 그리고 헌화 대신 카메라를 꺼냈다. 이범진에게 바치는 기록자의 헌정이었다. 새소리 지저귀는 망자들의 쉼터에 한동안 셔터 소리 들릴 듯 말 듯 울렸다.

이범진 공사 순국비

대한제국의 호소

특사들은 보름간 상트페테르부르크에 머문다. 이때 니콜라이 2세를 예방하고 대한제국의 입장을 설명하며 도움을 청한다. 하지만 니콜라이 2세는 특사들을 만나고 난 뒤 헤이그 만국평화회의 의장이자 러시아 전권 대표 넬리도프Nelidof에게 대한제국 특사들을 멀리하란 밀지를 보낸다.

러시아는 1905년 10월 만국평화회의에 대한제국을 초청한 바 있다. 이때까지만 해도 러시아는 대한제국을 일본 견제 카드로 생각했다. 물론 자신들이 대한제국의 지배권을 차지하려는 흑심도 있었다. 상황은 러일 전쟁 패전으로 급변한다. 극동 지역 진출에 급브레이크가 걸린 러시아와 일본이 전쟁터가 아닌 테이블 위에 마주한다. 밀담은 러일 협약으로 이어지고 외몽골과 대한제국의 지배력을 상호 인정코자 한다. 러시아 황제가 대한제국을 향해 휘두른 배반의 칼은 어쩜 필연적이었는지 모른다.

이런 사실을 알 수 없던 특사들은 마지막까지 실낱같은 희망을 버리지 못한 채, 당시 공식 외교 문서에 사용되던 프랑스어로 공고사(성명서)를 번역하며 회의를 준비해 간다. 하지만 끝내 의장국 러시아는 특사들에게 참석 불가를 통보한다. 실의에 빠져 있을 시간이 없었다. 특사들은 다시 짐을 꾸린다. 그리고 베를린에 들러 공고사를 인쇄해 다시 열차에 오른다. 이때 헐버트 선교사는 일제 감시망을 피해 특사들의 이동을 돕는 한편 스위스, 프랑스 등을 경유하며 서방 언론과 접촉해 나간다.

1907년 6월 25일 드디어 특사들이 헤이그에 도착한다. 이준이 한양을 떠난 지 60여 일 만이었다. 하지만 45개국 240여 명이 모인 가운데 만국평화회의가 개최된 지 10여 일이 지난 뒤였다. 특사들은 드 용 호텔(De Jong Hotel, 현 이준열사 기념관)에 여장을 푼다. 첫 번째 공식 일정은 숙소에 태극기를 매다는 일이었다. 그렇게 그들은 한민족의 현존을 전 세계에 알린다. 대한제국 특사들의 활동 소식이 일본 대표단에 흘러 들어간다. 일본은 동맹을 맺고 있던 영국과 함께 대한제국의 회의 참석을 방해한다. 그러는 사이 특사들은 서둘러 공고사를 각국 대표에게 발송하고 러시아 수석 대표 넬리도프를 시작으로 미국, 영국, 프랑스, 독일 대표를 찾아가 회의 참석을 재차 타진한다. 하지만 매번 허망함에 내쫓기듯 낙담한 얼굴로 힘없이 발길을 돌려야 했다. 아마도 찾는 곳마다 냉담한 표정으로 특사들을 바라봤을 거고, 그 누구도 귀담아 이야길 듣지 않았을 거다.

주저앉기에는 너무 멀리 와버렸다. 특사들과 헐버트 선교사는 훼방과 무관심을 견디며 윌리엄 토마스 스테드William Thomas Stead 등의 언론인과 접촉한다. 당시 윌리엄은 헤이그에서 〈평화회의보Courrier de la Conférence de la Paix〉를 발행하고 있었는데, 6월 30일 자에 '무슨 이유로 대한제국을 제외하였는가'란 논설, 7월 5일 자에서는 성명서 전문을 게재한다. 장외 활동은 각국 기자단의 국제협회 연설로 이어진다. 이위종은 이 자리에서 '대한제국의 호소A Plea for Korea'란 프랑스어 연설로 청중들에게 큰 인상을 남긴다. 언어 천재의 실력이 유감없이 발휘되는 순간이었다. 그는 아버지 이범진 공사를 따라 오랫동안 외국 생활을 해 프랑스어·영어·러시아어 등이 유창했다고 알려져 있다. 하지만 이런 노력에도 불구하고 서구 열강의 구체적 지원을 이끌어내는 데에는 한계가 있었다.

이준의
위대한 나라

네덜란드에 갔을 때다. 구글맵을 띄우고 헤이그를 찾았다. 그런데 이상하게도 헤이그란 도시가 보이지 않았다. 몇 번을 확인했는데도 이 도시가 어디 있는지 오리무중이었다. 아무리 생각해도 이상했다. 헤이그가 네덜란드가 아니고 다른 나라에 있었나, 하는 의심까지 들었다. 알고 보니 우리가 흔히 말하는 헤이그는 영어식 표현이었다. 현지어로는 덴 하그Den Haag로 표기한다. 덴 하그를 모르니 당연히 헤이그가 보일 리 없었다. 사실 헤이그를 방문해야겠다고 마음먹지 않았다면 지금까지도 이 도시가 네덜란드 어디에 있는지 모르고 있었을 것 같다. 기차에 몸을 싣고 네덜란드의 들판을 달렸다. 수줍은 꽃잎이 막 망울을 터트리며 세상에 생동감을 불어넣는 봄날이었다. 창밖에서 쏟아져 들어온 따스한 햇볕이 좋은 날이었다. 잠시 눈을 붙여도

될 것 같았다. 덴 하그가 어디인지 알고 있으니.

'이준열사 기념관' 입구, 태극기가 오전 햇살에 반짝이며 엽렵한 바람에 나풀댔다. 그때도 지금도 멈추지 않은 태극기 휘날리며. 길 건너에서 가만히 이 장면을 보고 있자 티베트 여행이 떠올랐다. 티베트 사람들은 부처의 말씀이 이 세상 끝까지 전달되길 기원한다. 룽다Lungda와 타르초Tharchog가 곳곳에 나부끼는 까닭이다. 룽다는 긴 장대에 라마 경전을 적은 오색 깃발을 말한다. 이는 바람이란 뜻의 룽風과 말이란 뜻인 다馬가 합쳐진 티베트어로 부처의 진리가 바람을 타고 세상 곳곳으로 퍼지길 기원한다. 타르초는 부처의 경문을 정사각형 천에 써 이어붙인 만국기 같은 형태로 우주를 구성하는 하늘, 땅, 불, 구름, 바다를 의미한다. 티베트 사람들에게 바람은 공간을 이어주는 신성한 기운이자 부처의 뜻을 세상으로 퍼트리는 중요한 동력이다. 내 눈에는 이준열사 기념관 앞에 걸린 태극기의 펄럭임이 마치 티베트의 룽다와 타르초 같아 보였다. '퍼져라 퍼져 세상 끝까지, 민족의 염원과 소망 그리고 희망아.'

바람에 나부끼는 태극기 아래로 특사들이 드나들었을 문을 열었다. 계단을 따라 2층으로 올라가 삐거덕대는 나무 마루 위를 걸었다. 마치 그 소리가 시간 여행의 시작을 알리는 것 같았다. '이 방에서 이준열사가 순국하셨습니다!' 방문 위에 쓰인 문구가 보였다. 1907년 7월 14일 저녁 숨을 거둔 이준의 죽음은 지금까지도 미스터리로 남아 있다. 원인 미상 그의 죽음을 놓고 화병설(분사), 단독감염설(일본

이준열사 기념관(옛 드 용 호텔)

정보 문서 기록), 자살설, 독살설, 할복설 등 추측만 무성할 뿐이다. 할복설은 〈대한매일신보〉*의 의도적 오보일 가능성이 높다. 이 신문에서 일하던 양기탁, 신채호, 어니스트 베델Ernest Bethell 등이 민족 공분을 촉발시키기 위해 허구의 기사를 작성한 것으로 보인다. 독살설의 경우 다수의 일본인이 헤이그에 머물던 상황이 추측 배경이다. 단독 감염설은 당시 이준의 뺨에 난 종기가 근거다. 감염 부위 치료가 제때 되지 않으면서 패혈증으로 이어졌다는 설명이다. 분사설은 화가 치밀어 죽었단 주장인데 이도 애매모호하긴 마찬가지다. 다른 한편에서는 스스로 곡기를 끊고 죽음으로 제국주의 열강에 맞선 것으로 관측한다.

이준이 순국한 방 벽에는 그의 사망진단서가 걸려 있다. 애석하게도 거기에는 사인死因이 빠져 있다. 핵심이 누락된 사망진단서는 마치 미스터리를 한번 풀어보란 듯했다. 1907년 7월 14일, 도대체 이 방에선 무슨 일이 벌어진 걸까. 그는 어떻게 하다 이곳에서 목숨을 잃게 된 걸까. 숨을 쉴 수 없을 정도로 분이 차올라 짐짓 등걸음을 친 걸까. 이제 와 명확한 사인을 밝혀내는 게 가능한 일이기나 한가.

방 안에는 작은 테이블과 침대가 놓여 있었다. 특사들이 차를 마

* 을사늑약 전 고종의 후원을 받아 설립된 신문으로 실제 경영은 양기탁이 맡았는데 영국인 베델이 발행인으로 등록돼 있었다. 외국인을 발행인으로 둔 것은 치외 법권을 활용해 일제 식민지 정책에 정면으로 맞서기 위한 조치였다. 또 이 신문은 국한문, 국문, 영문으로 나눠 지면을 발행해 대한제국의 현실을 국외에 알리는 데 일조했다. 반면 매국 신문으로는 〈대한신문〉, 〈국민신문〉 등이 있었다. 〈대한매일신보〉는 1910년 8월 29일 국권이 일제에 넘어간 뒤 조선총독부 기관지 〈매일신보〉가 된다.

시고 지친 몸을 누이던 공간은 빛이 환히 잘 들고 사늑했다. 이준이 세상을 떠나던 날도 창을 통해 이런 빛이 쏟아져 들어왔을까. 방 한 쪽 구석에는 이준의 무덤에 처음 썼던 비석이 놓여 있었다. 그것은 온전한 형태가 아니었다. 누군가 비석을 훼손했고 그걸 나중에 되찾은 거라 했다. 눈길이 이준의 유훈 중 한 대목에 가 멈췄다.

땅이 크고 사람이 많은 나라가 큰 나라가 아니고
땅이 작고 사람이 적어도
위대한 인물이 많은 나라가 위대한 나라가 되는 것이다.

YI JOON
李儁
BORN AT POOK CHUNG
(KOREA) 1858
DIED AT THE HAGUE
1907
이준 열사 최초의 비석

비넨호프 전경

지워진 이름

이준열사 기념관을 운영하는 이기항·송창주 부부와 인사를 나누었다. 그들은 자비로 드 용 호텔 건물을 사들여 1995년부터 이곳에 이준열사 기념관을 운영 중이다. 이기항 이준 아카데미 원장에게 자기소개 겸 국외독립운동사적지를 기록하며 세계일주를 하고 있다고 설명했다. 그는 이준이 숨을 거둔 방 티 테이블로 나를 안내했다. 그가 기념관에서 펴낸 《이준열사기념관 20년》 책자를 꺼내왔다. 책장을 한 장 한 장 넘겼다. '최초의 순례자들(1954)'이란 제목 아래 대한해운공사 소속 선원들 사진이 보였다. 그들은 모두 말끔하게 양복을 차려입고 하나같이 숙연한 표정으로 이준 묘소를 바라보고 있었다. 이때가 1954년 11월이니 한국전쟁이 끝난 이듬해가 된다. 이 모습이 인상 깊어 빛바랜 흑백 사진을 한동안 들여다봤다.

'최초의 순례자들(1954)'
출처|《이준열사기념관 20년》

김일성 배지를 달고 찾아온 북한 동포들의 방문 사진에도 시선이 한참 머물렀다. 참고로 이준의 고향은 함경남도 북청이다.

이기항 원장이 박물관 설립 과정을 이야기해 주었다.

1992년 네덜란드 한 신문에 이준 열사에 대한 기사가 실려요. 그걸 본 거예요. 그리고 한걸음에 드 용 호텔 건물을 찾았죠. 1층은 당구장으로 사용되고 있었고, 2층에서 3층은 무주택자 임시 숙소로 쓰이고 있었어요. 건물 상태는 다 허물어져 가고 있었지요. 당시 건물은 헤이그 시 소유였는데 재개발이 추진 중이었어요. 건물을 구매하려면 공매 과정을 거쳐야 했는데 입주자에게 매매 우선권이 있었어요. 사방으로 뛰어다니며 이 문제 해결 방안을 찾았죠. 당시 시장에게 헤이그 특사와 건물의 역사적 가치를 설명하는 청원서를 보냈죠. 다행히 시장이 이런 사정을 잘 이해해 주었어요. 그렇게 시 협조를 얻게 됐고 이 건물을 사게 됐죠.

사재 20만 달러를 털어 건물을 구매하긴 했지만 그렇다고 문제가 끝난 게 아니었다. 박물관을 만들려면 자금이 턱없이 부족했고 관련 자료도 수집해야 했다. 이런 사정이 알려지자 다행히 국내에서 도움을 주겠다는 곳이 나타났다.

박물관을 세워야 하는데 거기 전시할 내용이 있어야 하잖아요. 네덜란드 등의 문서 보관소를 참 많이 들락날락했어요. 옛날 기사를 찾고 관련 서류가 있는지 마이크로필름을 보는 게 일인 시절이었죠. 그러다 헤이그 시청 문서 보관소에서 이준 열사 사망진단서를 발견한 거예요. 그런데 박물관이 어디 그것만 있으면 되나요. 네덜란드, 러시아, 일본 등에서 발품을 팔며 하나씩 자료를 모았죠. 그리고 암스테르담 자택에서 헤이그까지 왕복 120킬로미터를 출퇴근하며 한 20년 넘게 여길 지키고 있네요.

이기항 원장이 이준의 묘적지에 가봤냐고 물었다. 무덤을 봉환한 뒤 남은 원래 자리가 있다고 한다. 그가 길잡이를 하겠다고 나섰다. 생각지도 않은 호의였다. 그와 함께 트램을 타고 20분 정도 달려 캄페르푸리스트라츠Kamperfoeliestraat역에 하차했다. 길 건너에는 니우 에이켄다우넨Nieuw Eykenduinen 공동묘지가 있다. 이기항 원장이 묘적지에 얽힌 일화를 들려주었다.

오래된 이야기지만 재밌는 일화가 있어요. 어느 분이 보니까 이준 열사 묘적지에 항상 생화가 놓이는 거예요. 꽃이 시들면 또 새 꽃이 놓여 있고 했던 거죠. 그래서 공동묘지 앞 꽃집에 가서 꽃을 갖다 놓는 사람을 아느냐고 물었다고 해요. 그랬더니 어느 한국 사람이 몇백 달러를 주면서 꽃이 시들면 그때그때 새 걸로 갈아 달라고 부탁하고 갔다는 거 아니겠어요. 허허허. 참 대단하죠. 또 다른 일화가 있어요. 누군가 야심한 밤에 공동묘지 담을 넘은 거예요. 그걸 목격한 한 주민이 경찰에 신고를 해요. 경찰이 와서 보니 한국 청년들인 거죠. 아니, 글쎄. 그 밤에 이준 열사 묘적지를 참배하겠다고 담을 넘었다는 거예요. 경찰도 특별히 범죄를 한 것도 아니어서 훈방했다고 하네요. 몇십 년 전 이야기지만 지금 들어도 훈훈하지요. 그런데 요즘은 어디 그런가요. 젊은 사람들 암스테르담 홍등가는 가도 헤이그는 잘 안 오는걸. 와도 금방 왔다 가버리지. 자, 다 왔어요. 저기예요.

조선의 왕과 신하들이 걸었던 삼도三道 같진 않았지만 제법 절도 있게 잘 정돈된 길 끝에 이준의 묘적지가 자리하고 있었다. 때는 초록 새순이 막 기지개를 켜던 봄날이었다. 그 덕에 묘적지 주변 도래솔 같은 수목에는 온화함이 가득했다. 그간 사적지를 찾아다닌 여정에서 목격한 초라함이 헤이그에서도 재현되는 거 아닌가 걱정이 앞섰는데, 마음이 한결 놓였다.

이상설 선생이 7월 17일 이준 열사 유해를 이곳에 임시 매장하고 미국을 다녀와 이위종과 함께 9월 5일 묘지를 영구 임대해 정식으로 장례를 치르죠. 그리고 56년이 흐른 1963년에서야 이준 열사 유해를 서울 수유리에 봉환해요. 그리고 또 한참이 지나 1970년 후반이 돼서야 이준 열사 묘적지 정비에 나서죠. 지금 보는 화강암 석병풍, 대리석 화병 등은 그때 한국에서 제작해 가져온 것들이에요. 그런데 이준 열사 묘적지 비석만은 그때 게 아니에요. 원래는 묘적지 정비를 지시한 박정희 대통령 이름이 비석 앞에 새겨져 있었어요. 그런데 어느 날 보니 누군가 이름 부분만 훼손해놓은 거예요. 그 이름이 참 싫었나 봐요. 그래서 이 비석만 그 뒤 다시 제작한 거죠.

일성 이준 열사의 묘적

열 수 없던 문

1907년 제2회 만국평화회의가 열렸던 비넨호프 왕궁 기사의 전당 Binnenhof de Ridderzaal은 현재 네덜란드 국회의사당으로 쓰이고 있다. 좌우로 하늘을 찌르는 첨탑이 인상적인 건물이었다. 고풍스러운 비넨호프 앞으로 넓은 광장이 자리 잡고 있고 네덜란드 국왕이 거주하는 왕궁이 주변을 감싸고 있었다. 이상설, 이준, 이위종이 그토록 들어가고 싶었던 곳. 외교권이 없어, 초청장이 없어 그리고 힘이 없어 결국 열어젖히지 못했던 '통곡의 문' 앞에 섰다. 어금니에 지그시 힘이 들어갔다. 광장은 쉼 없이 오고 가는 여행자들로 활기 넘쳤다. 한 무리의 중국인 단체 관광객이 광장으로 쏟아져 들어왔다. 이곳에서 우울한 눈빛을 하고 있는 건 나뿐이었다. 날이 저물며 기사의 전당에 또렷한 명암이 만들어졌다. 길게 꼬리를 늘어뜨리던 그림자가 빛과 함께 서서히 어둠 속으로 몸을 숨긴다. 여행자들도 자취를 감춘다. 특사들도 나처럼 쉬 자리를 뜨지 못했을까.

다시 이준의 비명非命이 떠올랐다. 그는 저 굳게 닫힌 문을 보며 지탱할 수 없던 지독한 패배감과 무기력감 앞에 무릎이 꺾였던 건 아닐까. 그 헤아릴 수 없는 비애감 앞에 식음을 전폐한 그는 서서히 죽음의 신에게 자기 자신을 몰아간 건 아닐까. 진정 이준이 하고자 한 건 신 앞에서 우리에게 왜 이런 고난과 역경을 안겨주는지, 다른 방법은 없는 건지, 있다면 내가 그 짐을 짊어지겠노라, 말하고 싶었던 건 아닐까. 만약 그가 신 앞에 섰다면 연옥煉獄을 거치지 않고 천국에 갔으면, 그에게는 물을 죄가 없으니.

고향

눈물조차 말라버린 여염집 부뚜막 앞
이따금 악마가 찾아 들었다
내 안에도 내 밖에도 있던 달보드레한 속삭임

무망한 전옥 같던 대지를 달려
담묵색 바다에 선다
감춰 놓았던 꿈이 비수처럼 꽂힌다
외면 뒤에 몸을 숨겨 눈을 감아본다
어둠 속, 밟히는 건 체념뿐
격조한 고향은 무심한 것인가, 몽매한 것인가

물마루 넘어 넘실대는 백화난만 동산 향기
곰살맞은 발그레한 얼굴 아렴풋하다
다가설수록 멀어지는 하얀 그림자

작업의 몇 가지 원칙

헤이그, 상트페테르부르크, 모스크바 촬영 중 생긴 몇 가지 에피소드가 있다.

#1

헤이그 비넨호프에서 몇 시간씩 앉아 이 장면 저 장면 사진을 찍는 사람은 나밖에 없었다. 다들 잠시 와 기념 촬영을 하거나, 풍경을 담고 사라지는 관광객이 대부분이었고, 그 틈에 이들을 무념하게 스쳐 지나가는 현지인들이 있을 뿐이었다. 내게 국외독립운동사적지 촬영은 관광객처럼 왔다 셔터 몇 번 누르는 걸로는 성에 차지 않는 일이다. 해당 사적지 자료를 찾고 거기 담겨 있는 이야기를 이미지로 어떻게 녹여낼지가 항상 고민이었다. 그러다 보니 한 장소를 며칠씩 촬영하는 일이 예사다. 지금까지의 경험으로는 촬영 한 번으로 해당 장소가 품고 있는 이야기를 만족스럽게 풀어낸 경우가 거의 없다. 다행히 헤이그에서는 시간 여유가 있었다. 틈만 나면 만국평화회의가 열렸던 비넨호프를 찾았다. 그런다고 뾰족이 아이디어가 떠오르는 것도 아니었다. 할 수 있는 건 비넨호프 광장 벤치에 앉아 시시각각 바뀌는 현장 분위기 중 헤이그 특사들의 심정과 가장 비슷해 보이는 장면을 채집해 보는 것뿐.

그런데 이런 촬영 방식이 어느 누군가에는 매우 비정상적으로 보였나 보다. 한참 촬영을 하고 있는데, 기관총을 든 경비원 둘이 내게 다가왔다. 총을 보고 흠칫 놀라 얼굴 근육이 삽시간에 경직됐다. 경비원들은 자신들을 촬영했냐고 물었다. 물론 그들을 특정해 초점을 맞추고 셔터를 누르진 않았다. 사실 경비원이 광장 어디에 숨어 나를 지켜보고 있는지조차 인식하지 못했으니. 그들은 카메라를 보여 달라고 했고, 난 찍지 않았다고 이야기했다. 그런데 왜 이렇게 오래 여기에 앉아 있냐고 물었다. 해가 떨어지는 장면을 연이어 찍고 있다고 답했다. 그들은 재차 사진을 보여 달라고 했다. 기관총을 든 사내들의 요구 앞에 카메라를 든 내가 무슨 힘이 있겠나. 그들은 메모리 카드에 저장돼 있는 장면을 하나하나 꼼꼼히 체크했다. 거기서 자신들이 배경으로 흐릿하게 찍힌 장면을 찾아냈다. 중국인 관광객들을 찍은 장면이었다. 그래도 미심쩍은지 다른 사진들을 재차 확인하고 몇몇 사진은 확대해 보았다. 경비원들은 고개를 갸웃거리며 카메라를 내밀었다. 어떤 누구에게 지극히 자연스러운 일이, 어떤 누구에게는 매우 비정상적으로 보일 수도 있겠다 싶었다.

강연을 하다 보면 청중들 중에 "국외독립운동사적지를 기록하게 된 특별한 계기가 있냐"며 "혹시 독립운동가 후손 아니냐"고 넌지시 묻는 경우가 있다. 이 질문에 《뭉우리돌의 바다》에 소개한 인도 델리 레드포트가 광복군 훈련지란 사실을 알고부터 작업을 시작했다고 답한다. 그럼 이따금 참 특이하다는 반응이 나온다. 대개의 경우 남을 특이하다고 표현하는 사람은 세상에 대한 이해가 경직돼 있을 가능성이 높다. 탐탁하지 않은 이런 편견 섞인 말을 들으며 작업을 계속하는 건 과거 없는 지금이 존재할 수 없기 때문이다. 어쩌겠는가. 행동이 이상해 보여도, 생각이 별나도, 계기가 특이해도 한 땀 한 땀 우리 사적지를 잘 찍어 내보고 싶은걸.

#2

상트페테르부르크에 도착해 처음 찾아간 곳은 한인회 사무실이었다. 이곳에서 한인 후손 통역을 100달러를 주고 구했다. 내심 독립운동가 후손을 찾아가 인터뷰하는 일인데 조금 도와주었으면 했다. 그런데 어디 사람 마음이 다 같은가, 그들에게는 밥벌이인걸. 그런데 통역까지 구해 비용을 지불할 정도면 무척 진도가 나간 상태인 거다. 비용을 치루는 상황보다 매번 어렵다고 느낀 건 사람을 수소문하는 과정이었다. 후손을 찾는 일은 생각보다 시간이 오래 걸리는 일이면서 신경을 곤두서게 하는 작업이다. 이 일이 힘에 겨워 러시아 촬영 당시 '국가보훈처 처장과의 대화' 코너에 민원을 넣은 적 있다. 국외

독립운동사적지를 찾아다니며 현장을 기록하고 있는 작업 취지를 구구절절 설명했다. 그러면서 국외 거주 독립운동가 후손 명단과 연락처가 필요하다고 했다. 한 일주일 뒤에 회신이 왔다. 개인정보 보호를 위해 명단은 줄 수 없다는 내용이었다. 크게 기대하진 않았지만 힘이 빠졌다. 대사관, 한인회, 한인 교회, 현지 후손 모임 등을 찾아 나서는 게 내가 짊어진 업보인가 보다. 체념 아닌 체념을 했던 러시아.

#3

상트페테르부르크를 떠날 때다. 처음에는 기차를 타고 모스크바로 가려 했다. 표를 예매하려고 역을 찾았는데, 하필 역 전체가 정전이 되는 일이 발생했다. 한참을 기다려도 해결 기미가 없었다. 하는 수 없이 발걸음을 돌려 비행기 표를 예매했다. 불행의 시작이었다.

공항으로 가는 날 아침 숙소에서 택시를 불렀다. 도심에서 공항까지는 그리 멀지 않은 거리였다. 하지만 엄청난 교통 체증 때문에 택시는 옴짝달싹하지 않았다. 식은땀이 줄줄 흘렀다. 엎친 데 덮친 격으로 기사는 중간에 주유소까지 들렀다. 결국 비행기 출발 30분 전에야 공항에 도착하는 불상사가 터졌다. 앞뒤로 배낭을 메고 허겁지겁 아에로플로트 항공사 데스크에 슬라이딩하듯 몸을 던졌다.

"모스크바! 모스크바!"

"크로우스!"

"왓!"

이때까지 숱한 여행을 하면서 비행기를 놓친 적이 단 한 번도 없었다. 그래 뭐든 처음이 있는 법이다. 보기 좋게 항공료를 헌납한 뒤 다시 발권을 해야 했다. 공항 구석 의자에서 노숙을 해야 했던 그 밤. 무슨 영화를 보려 하는가, 이런 상황이 오면 이따금 작업을 때려치우고 싶을 때가 있다. 그러면 찍은 사진을 리뷰한다. 왜 그렇게 현장 하나 하나가 외로워 보일까. 그러다 보면 문득 다음 촬영지가 궁금해진다. 거긴 또 얼마나 허한 공간일까. 내려놓고 싶을 때 마음을 다잡는 나만의 방식이랄까.

#4

모스크바 첫 방문지는 라이카Leica 매장이었다. 당시 사용 중인 카메라 모델은 라이카 M-P였다. 외부에서 렌즈를 자주 바꿔 끼우다 보니, 센서 표면 위에 먼지가 수두룩했다. 에어블로어air blower로 아무리 먼지를 불어 봐도 껌 딱지처럼 떨어지지 않는 것들이 있었다. 매장 직원에게 먼지 제거 서비스를 받을 수 있냐고 물었다. 그는 카메라를 맡기고 일주일 정도 기다려야 한다고 했다. 물론 모스크바에 살고 있다면야 얼마든지 카메라를 맡기겠지만, 매일 같이 촬영을 나가야 하는 상황에서 가능한 조건이 아니었다.

이따금 사용하는 카메라가 어떤 기종이냐는 질문을 받는다. 독일산 라이카를 쓴다고 하면 "비싼 카메라 사용하시네요"란 반응이 반사적으로 나온다. 맞다, 이 카메라 한 대 가격이면 더 성능 좋은 카메라 두세 대를 살 수 있다. 게다가 그 흔한 자동 초점 기능도 없다. 그럼에도 계속 사용한 이유는 딱 하나다. 일본산 카메라가 아니기 때문이다. 최소한 전범 기업 미쓰비시 계열 니콘 카메라를 쓰지 말자는 게 시작이었다. 어쭙잖은 신념이었는데, 막상 작업이 이어지고 독립운동가 묘소를 찾을 때마다 이 선택이 퍽 마음에 들었다. 나라를 위해 돌아가신 그들 앞에 일본산 카메라를 들고 서 있는 내 모습을 상상할 때마다 정신이 아찔하다.

이 책을 쓰던 중 라이카 카메라 셔터가 수명을 다해 독일에 수리를 보냈다. 6개월 뒤에나 카메라를 받을 수 있다고 했다. 어쩔 수 없이 새 카메라를 장만해야 했다. 이번에는 스웨덴산이 낙점됐다. 일본을 피해 가니, 죄다 걸리는 건 분수에 맞지도 않는 것들뿐이다. 한번은 "뭐 얼마나 대단한 사진 찍는다고 그런(비싼) 카메라를 쓰냐"는 비아냥거림을 듣기도 했다. 그것도 같은 사진가한테. 그의 눈에 내 작업은 좋고 비싼 카메라로 찍으면 안 되는 작업이었나 보다. 어찌됐건 작업비가 여유 있어 몇 천만 원씩 카메라에 투자하는 게 아니다. 최소한의 예를 갖추고 매번 현장에서 최선을 다하고 싶을 뿐이다. 달리 말하면 내 진정성이 그렇다. 아무리 생각해도 국외독립운동사적지를 기록하는 〈뭉우리돌을 찾아서〉는 마음만 가지고는 진정성을 유지해 나가기 힘든 고약한 프로젝트 같다.

#5

모스크바에서는 최재형의 손자 최 발렌틴과 이위종의 손녀 류드밀라 예피모바를 만나야 했다. 상트페테르부르크 촬영을 끝내고 모스크바에 도착한 시기는 5월 초였다. 하던 대로 통역을 구해 최 발렌틴과 류드밀라 예피모바에게 연락을 취했다. 그런데 두 사람 다 러시아 땅에 있지 않았다. 때는 러시아의 2차 세계대전 승리를 기념하는 전승기념일 직전이었다. 러시아인들에게 5월 1일 노동절과 5월 7일 전승기념일은 큰 명절이자 휴일이다. 추석과 설만 알고 있던 내가 미처 고려하지 못한 일정이었다. 낭패였다.

최 발렌틴의 귀국 일정은 내가 기다릴 수 있는 범위를 벗어나 있었고 그나마 류드밀라 예피모바는 일주일 뒤에 돌아온다고 했다. 아쉽지만 한 명이라도 촬영을 해야 했다. 기다리겠다는 의사를 전달하고 일주일 넘게 모스크바에 체류할 때였다. 통역에게 연락이 왔다. 여행 뒤 류드밀라 예피모바의 건강 상태가 좋지 않아 만남이 어렵다는 내용이었다. 또 그녀의 딸이자 이위종의 증손녀 율리아 피스쿨로바도 촬영이 힘들다는 의사를 전달했다.

미국 촬영 중에는 운 좋게도 안창호의 순국일과 장인환·전명운 의거일이 촬영 일정과 딱 맞아떨어졌다. 그런데 러시아에서는 정반대 일이 벌어졌다. 일을 하다 보면 좋을 때도 나쁠 때도 있는 거 아닌가. 통역이 멕시코, 쿠바, 미국을 거쳐 모스크바까지 와 촬영 중이란 내 사정을 제대로 전달했는지 모르겠으나 어쩔 수 없는 노릇이었다. 원래 진심을 몰라주는 게 세상일인 법이다.

지난 2020년 불의의 사고로 최 발렌틴이 사망했다는 뉴스를 보았다. 다시 만날 날을 손꼽아 기다리고 있던 내게 충격적이면서 안타까운 사건이었다. 이제 그를 사진에 담는 건 불가능한 일이 돼버렸다.

한번 어긋난 만남이 이런 결말로 끝날 거라곤 상상조차 하지 못했다. 그와 나는 이승에서 만나지 못할 운명이었나 보다. 지금까지 일을 미뤄 만족스런 경우가 없었다. 촬영에 나서면 악착같이 무엇이든 만들어 내야 한다. 다음이 없다는 생각으로. 그래서 항상 촬영 장소에 서면 초조하고 절박한 심정이 드나 보다.

국외독립운동사적지를 기록하는 〈뭉우리돌을 찾아서〉는 일상의 관심 밖을 들여다보는 작업이다. 삶의 울타리를 넘으면 무관심의 들녘이 펼쳐진다. 거기서 내게 관심을 보이는 사람은 총을 든 경비원들뿐이었다. 그를 피해 잠시 긴장을 놓으면 어느새 버스가 떠나버리기도 한다. 들녘을 터벅터벅 걸어 어렵사리 목적지를 찾아가면 황량한 빈터가 전부이거나, 누군가 두 팔 벌려 환영해줄지 모른다는 상상이 얼마나 허황된 것이었는지 재차 확인하는 순간이 온다. 그렇다고 아무렇게나 기록해놓을 순 없다. 또박또박 찍어 나가는 사진은 분에 넘치는 도구를 사용해야 한다는 원칙이 있다. 편하자고, 비용을 줄여보자고 카메라를 잘못 선택하면 두고두고 후회가 남을 것 같다. 누가 정해놓거나 시킨 게 아니다. 단지 당당하고 떳떳하고자 했을 뿐이다. 누구에게? 나보다 먼저 나라를 생각하며 지금을 존재케 한 과거의 그들에게. 〈뭉우리돌을 찾아서〉는 내게 그런 작업이다.

5

다시,
블라디보스토크

들녘에 서서

이야기를 다시 블라디보스토크역으로 돌려보자.

시외를 오가는 사람들이 가득한 열차에 올랐다. 한국에서 이제는 쉽게 찾아볼 수 없는 완행열차 분위기가 안온함을 주었다. 빛이 잘 드는 창가 쪽에 자리를 잡았다. 한 번 덜컥하던 열차가 서서히 플랫폼을 밀어내기 시작한다. 열차가 숙부드럽게 바람을 가르며 과거 조상들이 쌍성자雙城子 또는 소왕령蘇王領이라 칭하던 우수리스크를 향해 속도를 올렸다. 이 도시는 블라디보스토크에서 112킬로미터 떨어져 있어 열차로 한 시간 남짓이면 닿을 수 있다. 발해 솔빈부*가 있던 곳이 우수리스크로 추정되며, 1870년 지신허 주민들이 이주한 뒤 본격 개척된다. 거주 한인 수가 점차 늘어나며 연해주 독립운동 중심지로 자리 잡아 나가는데 1917년, 1918년 연이어 전로한족중앙총회**가 이곳에서 개최됐었다. 특히 우수리스크는 1919년 3월 17일 신한촌과 더불어 연해주에서 최초로 만세운동이 전개된 곳으로 한인 이주사에 한 획을 남긴다. 한마디로 이 도시는 블라디보스토크와 더불어 연해주 독립운동의 양대 성지다.

한국 사람에게 '거북이 공원'으로 불리는 우수리스크 시민공원. 공원 한쪽 육각정 아래 놓인 거북 석상을 그리 어렵지 않게 찾았다. 이 거북 석상은 발해 유물로 추정되는데, 한편에서는 금나라 시대 황족 가족묘에 세워졌던 것으로 보기도 한다. 발견된 거북 석상은 원래 두 개였는데 하나는 현재 하바롭스크 향토박물관에 있다. 석상은 생각보다 큰 덩치를 하고 있었다. 등 위에 직사각형 모양으로 파여 있는 비좌碑座는 안타깝게 빈 상태였다. 원래 비좌에는 비문이 적힌 비석이 서 있었는데, 언젠가 러시아 정부가 역사 분쟁을 우려해 제거했다는 이야기가 전해진다.

공원을 둘러보고 택시에 올라 도심을 빠져나왔다. 택시가 비포장 등굽잇길 위에서 뽀얀 먼지를 나풀대며 야트막한 오르막을 달렸다. 시야가 탁 트이며 드넓은 초원과 농장이 나타났다. 얼마 못 가 달마 불

• 발해의 행정 체계는 5경(京)·15부(府)·62주(州)로 나눠져 있었고, 우수리스크 솔빈부가 15부 중 하나였던 것으로 보인다.

•• 원호가 중심이 된 전로한족중앙총회는 1917년 러시아 지역 한인 100여 명이 민족자치와 독립운동을 위해 결성한 단체다. 1917년 5월 열린 1차 총회는 우수리스크 치체리나 거리에 있는 학교 운동장 자리에서 열렸다. 1918년 6월 열린 2차 총회는 우수리스크 실업학교 건물에서 개최됐다. 1919년 전로한족중앙총회는 대한국민의회로 확대 개편된다.

우스리스크 시민공원 거북 석상

1918년 전로한족중앙총회 개최지

1917년 전로한족회 대표자회의 개최지 터

상이 보였다. 차를 세워 달라고 했다. 이 하얀 불상은 연해주에 살고 있는 한 한인 후손이 안녕과 평화를 기원하며 세운 것이라 하는데, 어찌 된 연유인지 형태가 중국식이었다. 불상 주위에는 출토된 토기 파편 등이 무덤처럼 쌓여 있었다. 멀지 않은 곳에 성을 보호하는 해자垓字의 흔적도 있었다.

택시가 달렸던 길을 조금 더 거슬러 오르면 오른쪽 언덕 수풀 사이로 선명한 통길이 나타난다. 거길 따라 옅은 멧부리에 오르면 반월형 자연 해자 역할을 했던 쑤이펀허와 발해 성터가 한눈에 들어온다. 잠시 전경을 감상하고 내리받이 길을 따라 벌판 위에 섰다. 초원이 돼버린 넓은 들녘은 고요 속에 잠을 자는 듯했다. 이따금 바람이 몰려와 대지에 율동을 만들 뿐이었다. 그 움직임에 따라 좌우로 허리를 굽혔다 폈다 하는 이름 모를 수풀 사이를 거닐었다. 어디쯤 건물이 섰고, 어디쯤 말들이 내달렸을까. 푸서리 길 위에서 이런저런 상상 속에 삼각대를 펼쳤다. 고요의 들녘에 이따금 셔터음이 정적을 깼다. 진정 찍고자 하는 대상은 오래전 자취를 감춰버렸다. 그것들은 인간이 경험할 수 없는 긴 시간을 지나 모두 먼지로 변해 성터 일부가 됐을 거다. '상像'으로 존재하지 않는 비존재는 그럼에도 사진가에게 존재의 대상이어야만 한다. 빛과 바람 그리고 계절 분위기 등으로 사라진 상을 대체해야 한다. 사진가는 없음에 절망하기보단 있음을 자각해야 한다. 그 깨달음은 밖에서 안을 들여다보는 주변인이 아닌, 안에서 안을 보는 내부자의 시선이어야 한다. 그것이 과거 서사를 이미지로 기록하는 자의 자세이자 태도다. 사진 한 장은 그저 셔터를 누르는 순간을 통해서만 얻을 수 있는 게 아니다. 여정을 즐겨야 하고, 치열하게 본질을 꿰뚫고자 부단히 질문을 던져야 한다. 셔터는 이 모든 게 만족스러울 때 눌러야 마땅하다. 그렇게 촬영된 작품은 단순히 심미적 이미지로 귀결되지 않는다. 미美는 수단이지 목적이 아니다. 아름다움을 넘어 사진이 놓치지 말아야 하는 건 대상에 대한 끊임없는 탐구와 애정이다.

노곤 노곤한 볕이 드넓은 성터의 오후 끝자락을 품는다. 그리고 언제나 그렇듯 그것들을 제대로 담아내고 있는지 자신할 수 없는 불안감과 싸운다. 그렇게 중력에 이끌리듯 뉘엿뉘엿 땅으로 꺼져가는 붉은 해를 바라볼 뿐, 매번 실체에 다가서려 노력할 뿐, 그것을 어떻게 이미지로 번역하나 고민할 뿐, 냉정과 열정 사이에서.

장도빈, 발해를 깨우다

발해 성터 촬영을 마치고 다시 조망대에 올라섰다. 휴대폰 앱으로 택시를 불렀다. 응답하는 차가 없었다. 우수리스크 시내까지는 8킬로미터 정도 떨어져 있었다. 걸으면 두 시간 정도 걸리는 거리였다. 낭패감에 머리를 쓸어 올리는 내게 소풍을 나온 한 가족이 어디로 가냐고 물었다. 우수리스크 시내로 돌아간다고 했다. 그들은 시내까지 자신들의 차를 타라며 친절을 베풀었다. 운이 좋은 날이었다. 그들은 비포장길을 달리며 무슨 의미인지 잘 모르지만 한국과 관련된 비석이 시내 한 학교에 있는데 원한다면 거기까지 태워주겠다고 했다. 호기심이 발동했다. 예정에 없던 일이었지만 "스바씨바(감사합니다)"를 연발했다. 잠시 뒤 그들은 우수리스크 극동 연방대학교 앞에 날 내려주었다. 그리고 정문 안 한 비석을 가리켰다. 감사 인사를 하고 그

산운 장도빈 선생 기념비

들을 눈바래움 했다. 뒤돌아서 교정 안에 세워진 비석을 확인했다. 그건 다름 아닌 '산운 장도빈 선생 기념비'였다. 움칫 놀랐다. 발해 성터를 찾았고 거기서 차를 얻어 타게 됐는데 도착한 곳은 역사의 뒤안길에서 잠자던 발해를 깨운 민족사학자의 기념비 아닌가. 또 한 번 운이 좋은 날이었다.

장도빈은 1888년 평안남도 중화군 상원면 신읍리 태생으로 5세 때 한시를 지어 일찍이 신동 소리를 듣고 자랐다. 그는 14~16세 사이 한성사범학교*에 입학해 신문학을 익힌다. 그러던 중 을사늑약이 체결된다. 1908년 장도빈은 박은식의 소개로 〈대한매일신보〉에 입사해 신채호와 동고동락하며 논설을 써나간다. 신채호와의 교류는 장도빈이 한국사를 다시 보는 계기였다. 그는 신문사 기자로 일하며 보성전문학교 법과에 입학해 공부를 이어간다. 이 무렵 양기탁의 소개로 신민회에 가입해 비밀리에 독립운동을 전개한다. 일제 탄압으로 언론 활동이 어려워지자 한일병탄 후 경성 오성학교로 자리를 옮겨 민족 교육을 펼치는데, 이도 잠시 일제의 '1차 조선 교육령'이 공포되면서 정상 수업이 불가능해진다. 그러다 '데라우치 총독 암살 미수 사건**'이 터지고 장도빈도 연루자로 지목돼 일제의 감시와 조사를 받는다. 신변 위협을 느낀 그는 1912년 음력 정월 무렵 25세 나이로 부산에서 밀항하듯 배에 올라 신한촌으로 가 신채호와 해후한다. 얼마나 반가운 만남이었을까. 그들은 한동안 함께 여관에 유숙한다. 신한촌에서 장도빈은 〈권업신문〉에 항일 논설을 기고하며 민족의식을 고

취해 나간다. 시간이 나면 틈틈이 고적 답사에도 나선다. 당시 한인들은 블라디보스토크를 해삼위로, 파르티잔스크를 수청으로, 쑤이펀허를 추풍으로, 노보키예프스크를 연추로, 나홋카Nakhodka를 동개터로 불렀다. 이 지명은 예전부터 내려오던 우리말이었다. 특히 장도빈은 우수리스크의 옛 지명이 쌍성자였던 사실에 주목했다. 이 말은 평지성 두 개가 나란히 붙어 있다는 뜻인데, 그는 1912년 10월 우수리스크에서 발해 절터 유적을 확인한다. 이는 이 지역이 발해 영역권이었다는 최초 확인이었다.

그러던 1913년 겨울 장도빈은 미국에 있던 안창호의 초청을 받는다. 하지만 이듬해 봄 신경 쇠약 증세가 악화돼 미국행이 좌절된다. 그는 중국 길림성 목릉현 안정근의 집에서 조마리아·김아려 여사 등과 함께 생활하다, 안동현(安東縣, 현 단둥)에서 한동안 치료를 받고 귀국길에 오른다. 요양은 평안북도 영변 약산 서운사에서도 이어진다. 그는 이곳에서 그간의 연구를 정리해 1916년 역사서《국사》를 엮어낸다. 이 책에서 조선 후기 실학자 유득공의《발해고渤海考》이후 남쪽에 통일신라, 북쪽에 발해를 함께 기술하며 고구려 중심으로 고대사를 서술했다. 또《국사》에서 성벽, 해자, 절터 등의 유적이 집중돼 있

---

* 우리나라 최초 근대식 관립 사범 학교로 우수 학생들이 입학하는 엘리트 학교였다. 학비, 숙식, 교재비 등이 무료였다. 〈대한매일신보〉에 장도빈을 소개한 박은식은 한성사범학교 한문 교사였다.

** 이 사건으로 뜨거웠던 독립운동 열기가 급속히 냉각되고 신민회가 와해된다. 신민회 회장 윤치호는 이 사건 후 친일 성향을 보인다. 반면 이를 계기로 독립운동가의 망명이 증가하면서 국외독립운동은 활기를 띠기 시작한다.

는 우수리스크를 발해 동경으로 비정하기에 이른다. 고구려, 발해 중심 사관은 신채호의 영향과 연해주 일대 고구려, 발해 유적지 답사 경험이 크게 작용한 결과로 볼 수 있다. 이는 국란의 위기 때마다 빛났던 민족의 역량과 기상을 재발견하는 업적으로 독립운동에 큰 정신적 자산이 된다.

장도빈은《국사》발간 뒤 평안북도 정주 오산학교에서 잠시 강의하다, 1년 뒤 서울로 향한다. 이때가 1918년이었다. 장도빈은 3·1혁명 이후 문화운동을 본격 전개하며 〈동아일보〉 발행 허가를 출원한다. 하지만 얼마 못 가 자금 문제로 김성수에게 허가권을 넘기고 만다. 그리고 눈을 돌린 곳이 출판업이었다. 장도빈이 1920년 5월 설립한 한성도서주식회사는 우리나라 출판계 최초 기업형 주식회사로 기록돼 있다. 이 회사에서 출간한 잡지가 〈서울〉, 〈학생계〉 등이다. 그가 김숙자와 결혼한 건 이즈음이다. 김숙자는 의열단 단원 김응원의 누이로 독립운동가 겸 교육자로 활동하고 있었다. 장도빈은 한성도서주식회사 설립과 더불어 개인 출판사 고려관을 따로 두고 역사서 집필에 매진한다. 이때 나온 역작이《조선역사요령》(1924),《조선위인전》(1925),《발해태조》(1926),《조선역사대전》(1928),《조선사》(1932) 등이다. 그는 1930년대 들어 국내 사적지 답사에 본격 나서며 〈중앙일보〉에 '조선문명사화', 〈동아일보〉에 '고도사적탐사기'란 이름으로 연재를 이어간다.

일제는 1937년 중일 전쟁을 일으키고 한반도에 전시 체제 구축을 가속화한다. 이런 분위기 속에서 장도빈은 평소 알고 지내던 조선제

지주식회사 대표 후지와라 긴지로藤原銀次郎를 만난다. 이때 총독부 자문기관 중추원 참의 자리를 제안받는데, 그의 답은 은둔이었다. 장도빈은 어릴 적 공부하던 황해도로 가 숯을 구워 팔며 6년간 역사 연구에 몰두한다. 그러던 중 광복이 도둑처럼 찾아온다. 그의 나이 58세 때 일이었다. 해방이 오자 장도빈은 국민 계몽에 앞장서기 위해 〈민중일보民衆日報〉를 창간한다. 1948년 이후에는 교육 사업에 매진, 단국대학 초대 학장에 취임한다. 여기서 단국檀國이란 단군의 홍익인간 정신을 뜻한다. 장도빈은 사학자이자 교육자로 활동을 계속하며 1959년 《대한역사》를 출간한다. 이를 포함해 그가 한평생 저술한 통서는 10여 권에 달한다. 고매한 민족주의 사학자 장도빈은 1963년 9월 12일 76세 나이로 타계한다. 대한민국 정부는 1990년 그에게 건국훈장 독립장을 추서했다.

"모든 걸 불사르라!"

안중근이 살아생전 가장 존경했던 인물 이상설은 과학자이자 수학자였으며 법률가였다. 무엇보다 그는 애국자였다. 1905년 을사늑약 직전 이상설은 고종에게 죽음으로 나라를 구하란 취지의 상소를 올린다. 을사늑약이 체결되고 민영환이 자결했단 소식을 듣고는 종로로 뛰어나와 머리를 땅에 찧고 통곡하다 인사불성이 된다. 한 달 뒤 의식을 회복한 이상설은 대대로 물려받은 가산을 정리해 그 길로 망명길에 올라 북간도 용정으로 향한다. 서북간도 최초 민족교육기관 서전서숙이 이때 설립된다. 2년 뒤 고종의 명을 받고 헤이그 특사 정사로 활동한다.

이상설은 1914년 제2 러일 전쟁 발발 풍문이 나돌 때 연해주에서 조직된 대한광복군정부 정통령에 추대된다. 이 단체는 무장 투쟁을 통한 독립을 그 목적으로 했다. 하지만 국제 정세는 전혀 다른 방향으로 흘러갔다. 1차 세계대전이 발발하자 러시아는 일본과 동맹을 맺고 독일에 맞섰다. 그러자 이상설은 상해에서 신한혁명당 활동에 나서는데 기대와 달리 성과가 크지 않았다. 이 일로 그는 깊은 실의에 빠진다. 1916년 초 이상설은 하바롭스크에서 과로로 병석에 눕는다. 동포들은 그를 따듯한 남쪽 우수리스크로 데려와 치료에 전념한다. 불행하게도 그는 더욱 쇠잔해진다. 이상설에게 허락된 시간이 얼마 남지 않았음을 직감한 동지들은 국내에 있던 아내와 아들에게 연통을 넣는다. 11년 전 만주로 망명한 뒤 줄곧 국외를 떠돌던 이상설은 병석에서 가족과 상봉한다. 가족들이 극진히 그를 간호한다. 그럼에도 상태는 호전되지 않는다. 이상설은 조완구, 이동녕, 백순 등 동지들이 곁을 지키는 가운데 1917년 3월 2일 우수리스크에서 끝내 눈을 감는다.

> 동지들은 합세하여 조국 광복을 기필코 이룩하라. 나는 조국 광복을 이루지 못하고 이 세상을 떠나니 어찌 고혼인들 조국에 돌아갈 수 있으랴. 내 몸과 유품, 유고는 모두 불태우고 그 재마저 바다에 뿌린 후에 제사도 지내지 말라.
>
> 이민원, 《이상설》, 2017

이상설의 마지막 유언이다.

우수리스크 외곽 이상설 유허비 앞에 섰다. 강이 범람할 때마다 일부가 물에 잠긴다는 비석을 무념하게 바라봤다. 누군가 하얀 국화를 놓고 간 모양이었다. 밤새 된서리를 맞은 여린 국화 잎이 금세 조각날 것 같았다.

기억은 희미해진 과거를 물질로 받쳐주는 현장에서 더욱 또렷해진다. 어떤 사건이 있던 곳에 세워진 기념비, 추모비, 비석 등은 망각에 갇혀 보이지 않던 역사를 무대 위로 안내하는 장치다. 무대에 오른 기억은 망각의 외투를 벗어던지고 사람들 눈에 들게 된다. 사적지에 세워진 조형물은 그래서 아무것도 아니었던 공간을 강력한 회상의 장소로 탈바꿈시킨다. 그리고 보이지 않는 자기력으로 사람들을 불러 모은다. 사람들은 거기서 흘러간 어떤 시간의 한 토막을 확인한다. 흥미롭게도 돌이킬 수 없는 그 과거에 대한 연상은 결국에는 사라진 게 무엇인지에 대한 질문이 된다. 그래서 회상의 공간은 무엇이든 부재할 수 있다는 공포를 바탕에 깔고 있다. 이상설의 흔적은 오래전 소멸했다. 현장은 아무것도 묘사하거나 재현하지 못한다. 단지 한 독립운동가가 쑤이펀허 어디쯤에서 허공에 날려 사라졌다는 사실만을 곱씹게 할 뿐. 그래서 이상설의 유산은 그의 죽음 자체인지 모르겠다.

습습한 물바람이 몰려왔다. 여울 위 이랑이 인다. 반짝이는 잔물결이 남실남실 눈을 부신다. 찍고자 함은 영롱한 한 사람의 정신이자 혼이었다. 이상설이 산화한 쑤이펀허는 그날 그렇게 재잘거리듯 눈을 간질였다. 그 공간은 사진 속에서 과거로도 미래로도 가지 못한 채

무한한 순간을 반복한다. '그의 헌신이 우리 가슴에서 영원히 반짝이길, 그렇게 불멸의 기억이 되길.' 마흔여덟 한 줌 재가 돼 쑤이펀허에 뿌려진 이상설, 그의 유허비 앞을 지나 유유히 흐르는 강물은 발해 솔빈부 성터를 지나 블라디보스토크로 가 동해로 흘러든다고 했다. 이상설은 지금쯤 고향에 갔을까. 아니면 지박령이 돼 강가를 맴돌고 있을까. 부디 꿈에 그리던 고향 땅에서 영면하시길, 충분히 사명을 다했으니.

이상설 유허비

질문을 던지는 사진

1920년 4월 참변 당시 보병의 지원을 받은 일본 헌병대가 우수리스크에서 4월 5~6일 사이 한인 76명을 체포한다. 이 중 최재형, 김이직, 엄주필, 황경섭 등 저명한 한인 지도자들이 총살된다. 체포 직전 의연했던 최재형을 그의 딸 최 올가는 이렇게 회고한다.

> 내가 떠나면 일본인들이 엄마와 너희 모두를 체포해 갈 것이고, 때리고 고문하면서 나를 내어달라고 요구할 거야. 나는 이미 늙었고, 살아갈 날이 조금 남았기에 죽어도 좋단다. 하지만 너희들은 더 살아가야 하고, 일을 해야 하잖니. 차라리 나 혼자 죽는 편이 더 낫단다.

자신보다 가족들의 안위를 걱정했던 최재형은 동살이 비치는 새벽녘 우수리스크 집에서 일본군에게 체포된다. 바다로 간 강물이 다시 돌아올 수 없듯 그의 마지막 외출이었다. 일본 측 기록에 따르면 최재형은 4월 7일 우수리스크에서 취조를 위해 압송되던 중 탈출을 시도해 사살된다. 하지만 우리 학계는 이런 기록을 온새미로 받아들이기 어렵다는 입장이다. 일본군은 그의 처형 사실과 매장 위치 모두를 비밀에 부쳤다. 가족들이 유해라도 돌려달라며 간곡히 청해보지만, 요구는 끝내 묵살된다. 추정컨대 최재형은 가장 비인간적 방식으로 존엄이 훼손된 채 최후를 맞았을 거다. 남편의 시신조차 찾지 못한 최재형의 아내는 1년간 검은 상복을 입고 다녔다.

우수리스크에는 최재형이 체포될 때 머물렀던 거주지가 남아 있다. 그가 평생 일군 부에 비하면 집의 규모는 아담하고 그 모습은 평범한 편이었다. 오랜 시간을 견디지 못한 지붕은 비교적 최근 개보수가 이뤄진 게 확연했다. 가옥 정면에 붙은 작은 동판에는 태극기와 러시아 국기가 나란히 새겨져 있고 간략한 설명이 쓰여 있었다.

삼각대를 꺼내 받치고 그 위에 카메라를 올렸다. 그리고 셔터 시간을 지연하고자 렌즈 앞에 필터를 돌려 끼웠다. 노출과 구도를 잡았다. '찰' 하고 열린 셔터가 길게 호흡한 뒤 '칵' 하고 닫혔다. 여러 구도와 방식으로 촬영을 시도한 끝에 만족스러운 사진 한 장을 얻었다. 정직한 정면 구도였다. 이는 객관적 사실을 재현하려는 의도다. 반면 색감은 어딘가 모르게 바랜 것 같고 전체적 밝기는 은은함이 지배했다. 특히 장노출을 이용한 구름의 이동이 과하지 않게 표현된 게 특징인데, 쪽빛 하늘은 알 듯 모를 듯한 헐레이션Halation 효과로 몽환적

38
Володарского

기운을 풍겼다. 사진 전반에 흐르는 분위기는 어떤 일이 일어나기 전 조짐이나 사건이 일어난 이후의 여운처럼 다가온다. 즉 사진을 관통하는 주관적 뉘앙스는 보이지 않는 어떤 신비스런 기운에 가닿아 있다. 이로써 바람과 구름, 그 사이를 비집고 나온 옅은 빛은 사명을 다한 한 사람의 죽음으로 의미의 전환을 이룬다. 이처럼 이 사진은 객관적 기록이 아닌 아우라를 표현하는 데 초점을 맞추고 있다. 관습적 형식과 스타일 또는 전통의 고수보다 한 사람의 마지막을 재현하고 싶은 욕망이 더 컸다는 이야기다. 피사체로써 최재형 가옥은 하나의 '의미체'다. 그것은 어떤 관점을 가지고 해석하느냐, 어떻게 현시하느냐의 문제와 맞닿아 있다. 이 사진이 지닌 재현 방식은 최재형 가옥 원본이 지닌 아우라의 파토스Pathos적 표현으로 이해돼야 한다. 이를 통해 미궁에 빠진 한 독립운동가의 죽음을 다시 한번 캐물어 보고 싶었다.

한 언덕에서의
버둥질

시 중심에서 조금 떨어진 소비에트 스카야 언덕. 이곳은 4월 참변 당시 400여 명이 총살된 현장이다. 최재형도 이곳에서 숨을 거둔 것으로 추정된다. 우수리스크에 머물 동안 날마다 미럽나게 언덕 잿길을 올랐다. 하루는 아침 댓바람에, 또 하루는 해가 중천일 때, 어떤 날은 어스름한 시간을 골랐다. 처음에는 또박또박 정직하게 사진을 찍어봤다. 성에 차는 컷이 하나도 없었다. 그러다 카메라를 흔들어 보기도 하고, 스트로보Strobo를 미친 듯 쏘아댔다. 이도 마음에 안 들면 삼각대를 꺼내 필터를 끼고 시간을 흘려보냈다. 나중에는 아예 카메라를 들고 뛰기도 했다. 언덕에 오르면 매번 어떤 막연함 앞에 어디로 가야 할지 몰라 방향을 잡기 힘들었다. 할 수 있는 건 카메라를 들고 언덕 위 숙살지기 앞에서 버둥질하는 게 다였다. 그러다 그 누구의 죽음과 아무 상관도 없는 십자가 옆으로 해가 넘어가는 걸 보고 터벅터벅 언덕을 내려왔다. 걸음이 더해질수록 '그는 도대체 어떤 빛을 보고 절명했을까' 걸음걸음 떨쳐낼 수 없던 의문이 몸집을 키웠다. 그리고 다음 날 구원받지 못한 그 누구의 꿈을 찾아 부득불 다시 언덕을 올랐다.

역사는 언제나 새로움을 갈망한다. 그것은 역사 본연의 갈증이다. 어쩌면 역사는 끊임없이 현재로 갈증의 메시지를 보내고 있는지 모른다. 그 갈구는 지금까지 한 번도 충족되지 않았고 앞으로도 그럴 거다. 기록된 과거는 고정불변이 아니며 언제든 변할 수 있다. 이는 새로운 관점에서 출발한다. 그래서 모든 역사는 현대사다. 이 말은 역사의 평가와 해석이 시대 흐름에 따라 언제나 지금 시각을 반영한다는 의미다. 새로운 관점과 해석은 이제 역사를 다른 측면으로 전위시킨다. 기록되지 못한 기억, 인정받지 못한 역사를 누군가는 다뤄야 한다. 이제 책상머리에서 역사를 끄집어내 기록자와 예술가의 손으로 배턴을 넘겨 새로운 시선으로 그것들을 낯설게 봐야 한다. 그리고 그 배턴을 다시 역사가가 받아내야 한다. 그럴 때 역사는 사람들의 머릿속에 전혀 다른 기억을 각인시킬 수 있다. 역사는 눈이 아닌, 몸과 마음으로 느껴야 할 대상이다. 그래서 답사와 예술이 중요하다. 이것들이 가치를 인정받으려면 무엇보다 기록돼야 한다. 과거 없는 지금이 없듯, 기록 없는 역사도 없다. 역사는 무엇인가를 남겨놓고자 한 투쟁의 결과다. 그 투쟁은 과거 한 번으로 끝나는 게 아닌, 지속적 기록 위에 있어야 한다.

소비에트 스카야 언덕에서 한 마리 말이 토욕土浴하듯 몸부림을 치고 숙소에 와 사진을 보면 번번이 심드렁한 기분이 들었다. 사실 그때는 내가 무엇을 하고 있는 건지 잘 인식하지 못했다. 지금 보니 그건 기록도 아니고 표현도 아닌, 내가 할 수 있는 최고의 투쟁이었다.

소비에트 스카야 언덕

찾지 못한 죽음

그 언덕 기억할까
그 뜨거움
그 그리움

죽음 앞에 의연했던 자
한 줌 먼지가 돼
흘러 흘러 다시 고향에 갔을까

바람만 노니는 별이 진 언덕
거기서 어머니 품에 잠들었으면
저녁노을 지나, 별도 몰래 우는 그 밤

죽인 자와 죽임을 당한 자
모두 말이 없는 날
기억하고픈 자만 남아

홍범도의

반쪽짜리 사진

우수리스크에서 통역과 차량을 구해 길을 나섰다. 목적지는 150킬로미터 정도 떨어진 스파스크 달니였다. 현지 교통 사정상 두 시간 넘게 차를 몰아야 했다. 길은 비교적 잘 닦여 있었다. 어렵지 않게 목적지에 도착했다. 전형적 농촌 풍경이 펼쳐졌다. 문을 두드렸지만 인기척이 없었다. 낭패였다. 분명 방문 의사가 전달됐을 텐데 어찌 된 영문인지 집 안에 사람이 없었다. 늘 있는 일이지 않나. 하릴없이 주변을 서성였다. 잠시 뒤 한 러시아 남성이 나타났다. 그에게 홍범도의 외손녀 김알라 여사를 만나러 왔다고 했다. 러시아 남성은 김 여사의 남편이었다. 뒤따라 김알라 여사가 나타났다.

홍범도의 첫째 부인 단양 이 씨(옥녀 추정, 확실한 실명 기록 부재)는

1908년 3월 함경남도 북청에서 일경에 체포돼 고문을 견디다 숨진다. 당시 일경들은 그녀의 발가락 사이에 심지를 끼워 놓고 불을 붙이는 등의 고문을 일삼았다. 야만적 고문을 견디다 못한 단양 이씨는 스스로 혀를 깨물고 자결을 시도한다. 결국 그 일로 그녀는 목숨을 잃는다. 장남 홍양순은 1907년 홍범도 의병 부대에 들어가 이듬해 함경남도 정평에서 일본군과 교전 중 순국한다. 차남 홍용환도 1921년 의병 활동 중 병사한 것으로 알려져 있다. 홍범도는 1923년 이후 무장 투쟁에서 손을 떼고 집단 농장에서 은퇴 생활을 이어간다. 그러던 1926년 이인복과 재혼, 18년의 긴 홀아비 생활을 청산한다. 오늘 찾은 김알라 여사는 이인복의 핏줄로 알려져 있다. 그녀는 홍범도 장군이 운명한 카자흐스탄 크질오르다에서 태어났다. 어릴 적 부모를 따라 우즈베키스탄 타슈켄트로 이주했다, 1960년 모친과 함께 연해주로 돌아와 30여 년간 집단 농장 일을 했다.

김알라 여사의 얼굴은 누가 봐도 한국 할머니의 전형이었다. 수더분한 인상과 복성스러운 미소가 편안함을 주었다. 그녀는 우리 일행을 집 안으로 안내했다. 자리에 앉아 오래전 기억에 대해 질문을 던졌다.

제가 태어났을 때 할아버지(홍범도)가 무척 기뻐했다고 전해 들었어요. 자주 저를 품에 안아주셨다고 했어요. 그럴 때마다 제가 할아버지 손을 쪽쪽 빨았대요.

홍범도는 중앙아시아로 강제 이주된 뒤 김알라 여사가 태어난 다음 해 크질오르다에서 숨을 거둔다.

오랜 시간 홍범도에 대한 관심이 그리 크지 않았잖아요. 한국에서 여사님이 알려진 것도 비교적 최근 일 아닌가요. 서운한 감정 없으셨나요?

전혀요. 할아버지가 모스크바에서 레닌을 만났을 때 이야기가 있어요. 레닌이 할아버지에게 '원하는 게 있으면 말해보라'고 했다네요. 그랬더니 하시는 말씀이 '나는 조국의 독립 빼고는 아무것도 필요 없다'고 답했다고 해요. 저도 뭘 바란 건 전혀 없어요. 그래서 서운한 감정이 없지요. 잠깐만요, 보여줄 게 있어요.

그녀가 방 안에서 홍범도의 사진과 총집 그리고 헝겊으로 된 낡은 문서 주머니를 들고 나왔다.

제가 간직해 온 할아버지 유품을 보여드릴게요. 이 총집은 모스크바에 갔을 때 할아버지가 레닌에게 선물 받은 거라고 해요. 모스크바에서 찍은 이 사진 속 외투와 모자도 당시 레닌이 선물한 거고요. 그래서 이렇게 기념사진을 찍은 거죠. 그리고 헝겊 주머니는 할아버지가 지도 같은 걸 넣어 다닐 때 사용하던 거라고 들었어요. 이 유품들은 어머니가 제가 누구인지 알아볼 수 있게 한다며 남겨

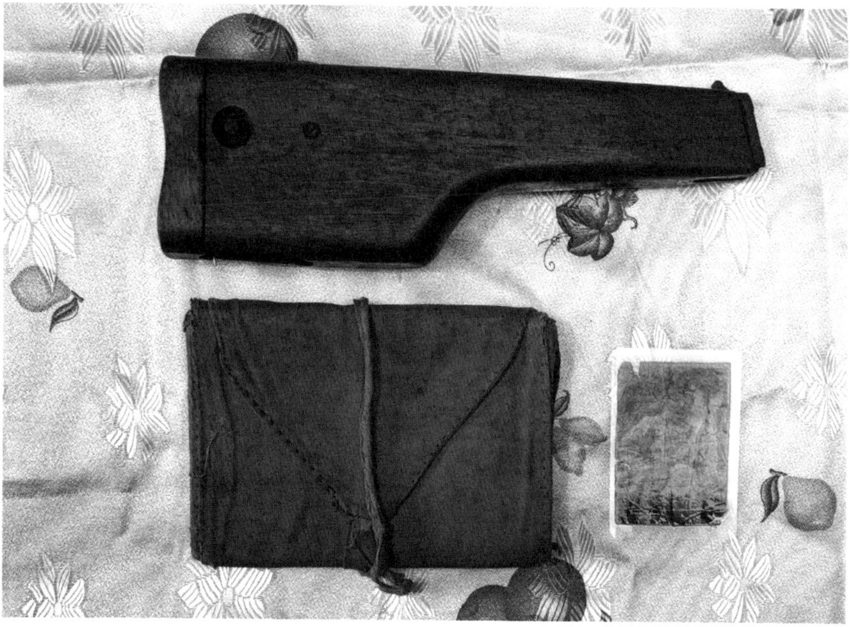

주신 것들이에요.

거목처럼 큰 사람이었던 홍범도. 그의 외손녀 김알라 여사는 공식적으로 홍범도의 혈육으로 인정받지 못했다. 물론 생물학적으로 홍범도의 피가 섞인 건 아니다. 정확히 이야기하면 그의 가족이라 봐야 한다. 가족은 피를 나누지 않아도 이룰 수 있으니. 중요한 건 직계 혈통 여부가 아닌 그녀가 갖고 있는 그 어떤 기억이다. 김알라 여사의 존재는 그래서 중요하다. 그 기억은 자신의 증명으로 힘을 가질 수 있다. 그녀가 내놓은 홍범도의 권총집과 손때 묻은 사진 등은 자기를 자기로 봐달라는 증거품인 셈이다. 하지만 혹자 중에는 그것들이 진짜 홍범도의 것인지 확인해 봐야 한다고 주장한다. 자신을 증거해야 했던 사람 중 하나였고 증명하지 못한 시간을 살아왔던 김알라 여사를 바라보는 잣대는 진짜냐 가짜냐의 눈초리다. 그 차갑고 잔인한 시선은 지금도 계속되고 있다. 그럼에도 그녀는 대한민국이 자신을 인정하든 않든 하나도 서운하지 않다고 말했다.

홍범도는 1922년 1월 21일부터 2월 2일까지 국제공산당(코민테른)이 모스크바에서 개최한 '원동민족혁명단체대표회의(극동민족대회)'에 참석한 바 있다. 이때 홍범도가 한인 대표 중 유일하게 볼셰비키 혁명의 두 거두 레닌과 레온 트로츠키Leon Trotsky를 단독 면담한 것으로 알려져 있다. 그 자리에서 레닌은 항일투쟁에서 혁혁한 전과를 올린 홍범도의 노고를 치하하며 금화 100루블, 외투, 모자 그리고 홍범도의 이니셜이 새겨진 권총과 총집을 선물한 것으로 전해진다. 김알라 여사가 내놓은 30센티미터 정도 길이의 권총집이 바로 그때 레닌이 홍범도에게 선물한 것이란 이야기였다. 총집은 권총 개머리판 역할까지 할 수 있게 고안돼 있었다. 헝겊 주머니는 내부가 세 칸으로 구분된 구조였다. 홍범도가 마우저Mauser 권총집을 차고 헌걸찬 모습으로 한껏 포즈를 취한 낯익은 사진은 가로와 세로가 각각 10센티미터, 7센티미터 정도 크기였다.

최근 이 사진과 관련된 새로운 사실이 밝혀졌다. 알고 보니 김알라 여사가 보여준 사진은 반쪽짜리였다. 원본은 오른쪽에 봉오동 전투 주역 최진동(1883~1941)이 홍범도의 것과 비슷해 보이는 권총집을 차고 서 있는 모습이 함께 담겨 있다. 왼쪽 홍범도, 오른쪽 최진동의 구도인 거다. 난 김알라 여사가 이 사진을 보여줄 때까지만 해도 모스크바의 한 순간이 고스란히 기록돼 있는 줄 알았다. 그리고 나중에 발견된 원본 사진을 보고는 잃어버린 줄도 몰랐던 역사의 퍼즐이 되살아 온 느낌을 받았다. 소스라칠 정도로 깜짝 놀랐다. 진실이라 믿었던 장면이 사실은 반쪽짜리였기 때문이다. 이로써 홍범도와 최진동이 나란히 서서 모스크바 어디쯤에선가 사진을 찍었단 사실이 확실해졌다.

이것이 사진이 가진 가장 강력한 힘, 지표성Indexicality이다. 사진의 지표성은 급브레이크를 밟은 차량이 남긴 스키드 마크 같은 개념이다. 그것은 거기 어떤 행위가 일어났음을 증명한다. 그래서 전통적으

독립운동가 홍범도(좌), 최진동(우)
사진 제공 | 반병률 교수

로 사진은 무엇인가가 그 자리에 존재했다는 강력한 증거였다. 이렇듯 사진은 소멸에 맞서 부유하던 흔적을 또렷하게 만든다. 다시 말해 사진은 망각에 저항하는 하나의 발화제다. 그런데 홍범도의 반쪽짜리 사진처럼 사라졌거나 희미해져 버린 사진은 무엇인가가 거기 있었음을 결정적으로 증명할 수 없게 만든다. 최진동이 그랬다. 이것이 기록자의 한 사람으로서 느끼는 가장 무서운 두려움이다.

축복의 땅 '사만리'

안중근과 우덕순은 1909년 10월 21일 오전 8시 50분경 블라디보스토크역에서 우편 열차 3등 칸을 타고 오후 3시경 우수리스크역에 도착했다. 정차 시간은 한 시간이었다. 이곳에서 그들은 세관 검사가 까다롭지 않은 2등 칸 표를 구해 다시 기차에 올라 쑤이펀허(현 중국)로 향한다. 유동하가 이곳에서 일행에 합류한다. 이처럼 우수리스크역은 안중근과 우덕순이 하얼빈으로 갈 때 초조하게 한 시간을 머물던 곳이다. 그런데 난 이곳에서 감상에 빠질 여유가 없었다. 손짓, 발짓, 번역기 등 표현할 수 있는 모든 언어와 기기를 동원해 스보보드니행 기차표를 예매하고 있었으니 말이다. 시베리아 횡단 열차의 일부 구간을 달리는 일정이었다. 그렇다 보니 침대칸 등급 등 묻고 답하고 결정해야 할 것이 많았다. 식은땀을 줄줄 흘리며 역무원과 한참

실랑이하자 주변 사람들이 몰려들었다. 영어가 조금 되는 사람이 통역을 해준 끝에 어렵사리 열차표 예매에 성공했다. 역무원은 표를 건네며 "휴우~" 하고 긴 숨을 토해냈고, 난 미안함에 안도의 숨마저 꿀꺽 삼켜야 했다. 뒤를 돌아보니 족히 열 명은 돼 보이는 사람들이 책망하듯 나를 쏘아보고 있었다. 역을 나서며 안중근과 우덕순이 열차에 올랐을 때 분위기는 어땠을까, 비장함에 아무도 입을 열지 않았을까, 아니면 지그시 눈을 감고 곧 닥칠 앞날을 잔드근히 그려 보았을까, 하는 상상 따위는 머릿속에서 까맣게 지워지고 없었다.

다음 날 저녁 시베리아 횡단 열차에 올랐다. 목적지까지 꼬박 하루를 달려 대략 1,500킬로미터를 가야 했다. 오래전부터 한 번은 시베리아 횡단 열차 여행을 하고 싶었다. 그런데 그 첫 경험이 국외독립운동사적지를 좇는 일정일 거라곤 전혀 생각지 못했다. 부산함에 열차 침대에서 눈을 떴다. 날이 밝아 있었다. 객실 문을 열고 나가자 복도 창으로 요요한 햇발이 쏟아져 들어왔다. 열차는 속도를 줄여 아무르강 대교 위를 지나고 있었다. 먼발치서 붉게 물들어가는 하늘이 점점 시야에서 멀어졌다. 다시 속도를 올린 열차는 유대인 자치주 비로비잔Birobidzhan에 닿았다. 스탈린은 러시아 내 유대인을 자치주 미끼로 비로비잔으로 강제 이주시킨 바 있다. 유대인들이 도착했을 때 이곳은 농토로 쓰기에는 부적합한 늪지대가 많았다. 게다가 무시무시한 혹한까지 견뎌야 했다. 일설에 따르면 먼저 와 있던 한인들이 유대인들에게 농사법을 전수했다고 한다.

열차는 본격적으로 아무르주를 내달리기 시작했다. 설국이 펼쳐졌다. 열차를 호위하듯 하얀 자작나무가 줄지어 이어지는 아름다운 풍경이었다. 큰 키에 순백으로 빛나는 나무들이 드넓은 벌판 위를 채우고 있는 모습을 한동안 멍하니 바라봤다.

아무르는 만주어로 '큰 강'이란 뜻이다. 중국에서는 아무르주를 관통하는 강이 검은색을 띤다 해 흑룡강이라 부른다. 이 강은 하류까지 합하면 길이가 무려 약 4,400킬로미터를 넘는데, 순위로는 세계에서 여덟 번째다. 아무르강은 초기 한인 이주와 관련이 깊다. 러시아말로 '축복받은 마을'이란 뜻의 블라고슬로벤노예는 조상들이 아무르강 지류 사마라(Samara, 사마라강) 인근에 자리 잡고 있던 '사만리'를 칭한다.

1863년 지신허에 처음 한인들이 정착하고 이들은 민들레 홀씨처럼 러시아 각지로 퍼져나간다. 극동 러시아 정부는 이런 한인들의 이주를 불모지 개척에 활용하려 했다. 러시아 시넬니코프Sinelnikov 동시베리아 총독(재임 기간 1871~1874)은 연해주 거주 한인을 아무르 지역으로 분산 이주시킨다. 1871년 7월 27일 포시예트 지역 거주 한인 103가구(지신허 65가구, 연추 38가구) 431명이 바지선과 기선을 나눠 타고 하바롭스크 서쪽 사마라강변으로 이주한다. 이동 중 세 명이 사망하고 일부는 병이나 다른 마을에 남겨진다. 또 몇몇은 만주로 도망친다. 8월 1일 도착한 사람은 모두 362명이었다.

러시아 정부는 목조 주택 50여 채를 순차적으로 짓고 학교, 공동 목욕탕 등을 새로 조성한다. 이듬해 수확기까지 15개월 치 식량과 종자도 제공했다. 이주민 대부분이 물선 땅에서 첫 겨울을 무사히 난다. 봄이 오자 한인들은 16만 3,800제곱미터(4만 9,549평)의 땅을 개간하고 따로 33만 3,820제곱미터(10만 980평)의 농토를 임차한다. 1872년 하반기 러시아 정교로 개종도 마친다. 이를 통해 러시아인과 동등하게 가구당 109만 2,000제곱미터(33만 평)의 농토를 할양받는다. 또 인두세 납부 영구 면제, 20년간 토지세 면제, 3년간 부역 면제 등의 혜택도 누린다. 사만리 주변에는 토질 좋은 너른 평야가 많았다. 한인들은 간난한 생활 속에서도 근검 성실하게 농사에 성심을 다한다. 마을은 빠르게 발전해 나간다. 얼마 지나지 않아 사만리는 한인 부촌으로 손꼽히던 연해주 추풍사사와 어깨를 나란히 하며 단숨에 선망의 땅이 된다. 하지만 러시아 입장에서 이런 형태 재이주는 고비용 정책이었다. 전무후무했던 사만리의 축복은 단 한 번으로 끝이 난다.

6

자유시

KGB 조력자

열차는 하염없이 내달리고 내달렸다. 등에 지고 있던 해가 어느새 열차 정면으로 자리를 이동해 있었다. 그럴수록 아무르의 석양은 붉은 핏빛처럼 설국을 벌겋게 물들여 갔다. 마치 다가올 이야기의 전주곡처럼. 열차가 스보보드니에 도착한 건 늦은 저녁시간이었다. 본래 이 도시 이름은 알렉세예프스크Alekseyevsk였는데, 적백 내전 당시 적군이 이곳을 점령하게 되고 이때 도시 이름을 자유시란 뜻의 스보보드니로 변경한다. 러시아어로 자유는 스바보다Svoboda다. 우리에게는 자유시 참변 또는 흑하사변 현장으로 더 잘 알려져 있다.

역을 빠져나오며 외투 지퍼를 끝까지 잡아 올리고 배낭을 앞뒤로 메고 검은 추위 속으로 몸을 던졌다. 제일 가까운 숙소를 찾아 걸었다. 주인은 방이 없다고 했다. 택시를 불러 시내에 있는 숙소로 향했다. 거기도 방이 없다고 했다. 힘이 빠졌다. 다시 택시에 짐을 욱여넣고 스보보드니의 밤을 달렸다. 도착한 곳은 시내에서 조금 떨어진 허름한 숙소였다. 다행히 빈방이 있었다. 한참을 번역기로 옥신각신한 뒤에야 욕실 없는 방에 짐을 풀수 있었다. 털썩 좁은 침대에 몸을 누였다. 매트리스 안에서 놀고 있는 스프링의 움직임이 등짝으로 고스란히 전해졌다. 불편함은 잠시, 긴장이 풀리며 피곤이 몰려왔다.

오전 9시. 억지로 찌뿌둥한 몸을 일으켜 숙소 로비로 나갔다. 한 할머니가 음악을 듣고 있었다. 처음 들어보는 노래가 꽤나 인상적이었다. 나중에 알게 된 사실이지만 그 노래는 1995년 대한민국을 뒤흔든 드라마 〈모래시계〉 OST, 백학(白鶴, Zhuravli)의 작곡가 얀 프렌켈Yan Frenkel이 부른 〈이별의 왈츠〉였다. 음악을 들으며 로비 한쪽 벽에 걸린 그림 앞에 섰다. 가만 보니 자유시 참변을 상징하는 급수탑 그림이었다. 우연 치고는 너무 이상한 순간이었다. 그림의 실재 장소를 찾아 아무르주 한복판에 와 있지 않나. 한동안 작품에서 눈을 떼지 못했다.

할머니의 이름은 갈라였는데, 어젯밤 일하던 시설궂은 직원보다는 인상이 점잖고 포근했다. 갈라 할머니는 오전 8시에 업무 교대를 해 어젯밤 내가 숙소에 들어오는 걸 보지 못했다고 했다. 물론 이 말을 알아듣기까지 적잖게 시간이 걸렸다. 할머니에게 택시가 필요하다고 했다. 네다섯 시간은 빌려 써야 하는 일정이었다. 어쩌면 그보다 시간이 더 필요할 수도 있었다. 한정된 일정에 찍어야 할 양이 만만치 않았다. 일정을 소화하려면 차량을 꼭 섭외해야 했다.

“할머니, 택시! 택시!”

음성 인식 기능이 있는 구글 번역기를 실행시켜 할머니 입가 앞에 내밀었다.

“이게 무엇을 하는 겁니까?”

할머니가 구글 번역기로 처음 내뱉은 말이었다. 잠시 정신이 멍하다, 너털웃음이 터져 나왔다. 그렇게 술잔을 주거니 받거니 하듯 휴대폰으로 대화를 시작했다. 할머니는 알고 싶은 게 많았다. 내가 어느 나라 사람인지, 몇 살인지, 무슨 일을 하는지, 어디 사는지, 스보보드니에서 어디를 가려고 하는지 등. 마치 KGB(구 소련 정보 기관)라도 되는 듯 꼬치꼬치 묻고 또 묻기를 반복했다. 난 하나하나 궁금증을 풀어줬다. 창밖으로 하얀 눈발이 벚꽃 잎처럼 흩날리고 있었다. 눈이 그치기 전에 작업을 시작해야 했다. 그렇게 내가 택시에 오른 시각은 대화가 시작된 지 두 시간이 흐른 뒤였다.

승리 뒤에 비극

1919년 3·1혁명 이후 많은 독립투사들이 국외로 터전을 옮긴다. 서북간도에서 항일 무장 단체가 새로 만들어지고, 조직도 재정비된다. 국내 진공작전이 활발히 펼쳐지며 서로군정서, 북로군정서, 대한독립군, 군무도독부, 대한광복단, 의군부 등 무장 독립운동 단체들이 활동 폭을 넓혀간다. 이에 화답하듯 상해 임시정부는 1920년을 '독립전쟁의 원년'으로 삼는다. 그러던 1920년 6월 7일 북간도 봉오동에서 일본군과의 일전이 벌어진다. 봉오동 전투에서 힘 한번 써보지 못하고 패퇴한 일본군은 조선 주둔 제19사단 예하부대를 주력으로 블라디보스토크 파견군, 북만주 파견군, 관동군關東軍 등으로 구성된 2만여 명 규모의 부대를 조직하고 '간도지방불령선인초토작전間島地方不逞鮮人焦土作戰'에 돌입한다. 이 작전은 항일 무장 세력 압살을 목표로 했다.

하지만 제아무리 일본군이라도 중국 땅에 무작정 출병할 순 없었다. 마찰을 피할 수 있는 명분이 필요했다. 공교롭게도 이때 두 차례에 걸쳐 '훈춘사건'이 발생한다. 1차 사건은 1920년 9월 12일 첫새벽에 발생하는데, 마적단 300여 명이 약 세 시간 동안 훈춘 시가를 쑥대밭으로 만들며 약탈과 방화를 일삼고 인질을 잡아 달아난다. 10월 2일에는 2차 사건이 발생하는데 마적단들이 훈춘 일본 영사관을 방화하고 일본인 거주지를 공격하기에 이른다. 일제는 두 차례 습격에 한인 독립운동가와 러시아 과격파 세력 100여 명이 포함돼 있다고 주장한다. 기다렸다는 듯 일본 정부는 1920년 10월 7일 자국민 보호를 구실로 군사 작전을 전격 승인한다. 이 마적단 습격은 파병 명분을 얻기 위해 일본군이 자작극을 벌인 것으로 알려져 있다.

2차 훈춘사건이 터지고 보름도 채 안 돼 청산리 전투(10월 21일~26일)가 벌어진다. 이 전투는 독립군들이 일본군과 결전을 벌이려고 일부러 때를 기다린 게 아니다. 조금 더 정확히 이야기하면 봉오동 전투 이후 독립군들이 피전책避戰策을 결정하고, 백두산 원시림으로 부대를 움직이던 중 적과 맞닥뜨린 장소가 청산리였을 뿐이다. 독립군들은 청산리 전투 이후 간도 지역에서 안전한 곳으로 이동한다. 무주공산無主空山이 된 간도는 일본군의 작전명대로 초토화된다.

일본군은 1920년 가을부터 이듬해 봄까지 서북간도 한인 양민들을 무차별 도륙한다. 용정 인근 장암동에서 있었던 만행은 경기도 화성 제암리 학살의 판박이였다. 당시 40여 호의 가옥이 있던 장암동에 침입한 일본군 77명은 가옥·학교·교회를 방화하고 성인 남성 33명을 한 곳에서 집단 학살한 뒤 불태워 버린다. 또 1921년 2월 5일 자 〈독립신문〉에 따르면 정기선이란 한인 교사가 고문에 의해 안면 피부가 칼로 벗겨지고 안구가 탈구돼 누군지 도저히 알아볼 수 없는 '고깃덩어리'가 된다. 천인공노할 수밖에 없는 건 사람 목을 작두로 자르는 것도 모자라 여성들을 강간 후 살해하고 심지어 두세 살 어린아이를 창끝에 꿰어 그 고통을 즐겼다고 한다. 인면수심은 이럴 때 쓰라고 있는 말 같다. 1921년 1월 27일 자 〈독립신문〉에 따르면, 북간도에서 자행된 살육으로 목숨을 잃은 한인 수는 3,664명에 달하며 가옥 3,500여 채, 학교 59개소, 교회 19개소가 잿더미로 변한다. 서간도에서도 1,300여 명 이상이 피살된 것으로 파악된다. 연해주 4월 참변의 복사판이었던 이 학살을 '간도참변' 또는 '경신참변'이라 부른다. 이에 대해 박은식은《한국독립운동지혈사》에서 아래와 같이 통탄하고 있다.

> 각 부락의 민가·교회·학교를 비롯 수만 석의 양곡을 불태워 버렸다. 그리고 우리 겨레라면 남녀노소를 가리지 않고 총으로 쏴 죽이고, 칼로 찔러 죽이고, 몽둥이나 주먹으로 때려 죽였다.
> 산 채로 땅에 묻기도 하고 불로 태우고 가마솥에 넣어 삶기도 했다. 코를 뚫고 갈빗대를 꿰며 목을 자르고 눈을 도려내고, 껍질을 벗기고 허리를 자르며 사지에 못을 박고 손발을 끊었다.
> 사람의 눈으로는 차마 볼 수 없는 짓을 그들은 무슨 재미나는 일이라도 하는 것처럼 했다. 조손(할아버지와 손자)이 동시에 죽음을

당하기도 하고, 혹은 부자가 한자리에서 참혹한 형벌을 당하기도 했다. 남편을 죽여 그의 아내에게 보이기도 하고, 아우를 죽여 형에게 보이기도 했다. 죽은 부모의 혼백상자를 가지고 도망가던 형제가 일시에 화를 당하기도 했으며, 산모가 포대기에 싸인 갓난아기를 안은 채 숨지기도 했다.

그 밖에도 허다한 만행을 이루 다 기록할 수 없다.

자유시,

재앙의 늪

청산리 전투 이후 독립군들은 일본 정규군과의 당장의 전투보다 세력을 보전하는 쪽으로 의견을 모은다. 1920년 12월 말 독립군들이 현재 중국과 러시아 국경 인근 미산密山*에 결집한다. 그리고 다시 이만Iman**으로 이동, 이곳에서 열차에 올라 러시아 아무르주 스보보드

---

* 현 중국 미산시(密山市) 인근. 흥개호(興凱湖)를 끼고 러시아와 국경을 접하는 미산에는 과거 한인 마을 한흥동이 있었다. 이곳은 1909년부터 독립운동의 전초기지로 개척된다. 과거에는 미산이 아니라 밀산으로 더 많이 불렸다.

** 이만은 현 달네레첸스크(Dalnerechensk)로 1898년부터 한인이 정착해 개척한 도시다. 시베리아 내전이 한창이던 1921년 12월 초 이만에서 고려혁명의용군과 적군이 연합해 백군과 전투를 벌인다. 한운용이 지휘하는 부대의 피해가 컸는데 50여 명이 전사한다. 한겨울 전사한 대원들은 3일간 꽁꽁 언 상태로 방치된 뒤 눈 속에 임시 매장된다. 이들은 적군이 이만을 탈환하고 1922년 4월 6일 비로소 묘지에 안장된다. 현재 이만역 인근에는 이 전투에서 사망한 사람들을 기리기 위한 추모비가 서 있다.

니로 향한다. 하지만 김좌진, 이범석 등 북로군정서 인사들은 이를 거부하고 이만에서 만주로 돌아간다. 스보보드니행을 선택한 독립군들은 적군과 함께 일본군에 맞서 전투를 이어 나갈 수 있을 거라 생각했다. 이들은 만주로 돌아간들 떨어진 탄약을 보충할 마땅한 방안도 없거니와 서북간도 일대에서 일본군이 사단급 군사 작전을 펼치고 있는 마당에 당장 어떤 성과를 내기 어렵다고 봤다. 이런 정세 판단 아래 스보보드니는 적군의 지원 아래 전열을 가다듬을 수 있는 장소로 기대를 모은다.

여기서 사회주의 계열 독립운동 세력의 탄생을 간략히 짚고 가보자. 이동휘는 1918년 5월 10일 하바롭스크에서 한국 최초 사회주의 정당 '한인사회당'을 결성해 연해주와 흑룡강 지방에 여덟 개 지부를 설치한다. 그는 국지전이 아닌 대규모 독립전쟁을 위해선 볼셰비키의 지원이 무엇보다 중요하다고 봤다. 반면 볼셰비키는 한인사회당 창당이 일본군의 시베리아 내 활동을 위축시킬 거라 계산했다. 양측은 1920년 초 '한로공수동맹'을 맺는다. 이로써 볼셰비키 측은 한인 공산주의자들에게 독립운동 자금과 물자 등을 지원하기로 한다. 그러다 1920년 4월 참변이 발생하고 연해주 독립운동은 심각한 내상을 입는다. 특히 최재형이 살해되는 등 독립운동의 중심축까지 뒤흔들린다. 대한국민의회는 일제의 추격을 피해 아무르주로 본거지를 옮긴다. 이때 임시정부 반대파가 조직을 장악한다. 1921년 1월에는 이르쿠츠크에 설치된 소비에트 코민테른 동양비서부를 지지 세력으로 끌어들인다. 이와 동시에 무장 독립운동 세력 자유 대대를 확대 개편해 시베리아 지역의 영향력과 권위를 확보해 나간다.

상해에서는 국무총리 이동휘가 이승만과의 갈등으로 자리에서 물러나고 임시정부와 거리를 둔 채 한인사회당 활동에 주력한다. 이때쯤 이동휘가 모스크바에 보낸 한형권이 볼셰비키 지원금 일부를 수령해 상해로 돌아온다. 이 자금은 러시아 공산당이 한인사회당에 지급한 것으로 이동휘는 고려공산당 창당 활동비로 용처를 정한다. 이로써 한인사회당은 경쟁 관계인 이르쿠츠크 공산당 한인 지부와 대한국민의회 등과 계파 갈등에 본격 돌입한다.

1921년 5월 시베리아 이르쿠츠크에서 고려공산당이 간판을 올리고 상해에서도 같은 이름의 고려공산당이 창당된다. 이를 '이르쿠츠크파 고려공산당(이하 이르쿠츠크파)', '상해파 고려공산당(이하 상해파)'이라 한다. 이르쿠츠크파는 자유 대대가 주력 부대였고, 상해파는 니항 부대와 협력해 사할린의용대(대한의용군)를 조직한다. 문제는 상해파가 모스크바에서 외교적 지지를 이끌어내는 데 성공한 반면, 이르쿠츠크파는 시베리아 일대 전권을 가진 코민테른 동양비서부를 뒤에 두고 있는 상황이었다. 통합되지 못한 두 개 사회주의 계열 독립운동 세력의 탄생이자 비극의 잉태였다.

이런 흐름 속에서 청산리 전투 이후 독립군들은 일본군과 백군의 영향력 밖 안전지대 스보보드니로 이동을 결정한다. 1921년 3월까지 집결한 독립군은 1,900여 명에 이르는데, 그해 6월까지 2,000~3,000여

명이 모인 것으로 보인다. 그러던 중 이르쿠츠크파가 동양비서부 지원을 등에 업고 고려혁명군정의회를 발족하고 독립군 재편을 추진한다. 그러자 상해파 사할린의용대가 반기를 든다. 결국 1921년 6월 28일 자유 대대와 적군이 무장 해제에 불응하는 동지들의 주둔지를 기습 공격하는 비극이 발생한다. 동원된 병력은 1만여 명을 헤아린다. 이 과정에서 허근(1864~1926)의 의군부 대원 서른세 명이 사망하는 심각한 피해가 발생한다. 사망자 중에는 러시아어를 몰라 "멈춰", "손들어" 등의 말을 듣고도 희생된 인원이 다수였다. 이날 있었던 이 비극을 '자유시 참변'이라 부른다. 사상자는 고려혁명군정의회 측 기록에 따르면 가해자 측 사망 1명, 부상 9명, 피해자 측 사망 36명, 행방불명 60명, 포로 860명이다. 반면 다른 기록에는 피해자 측 사망 303명(익사자 31명 포함), 행방불명 250여 명, 포로 917명으로 집계돼 있다.*

자유시 참변 원인은 상해파와 이르쿠츠크파의 군권 경쟁이 발단이란 게 일반적 시각이었다. 하지만 이르쿠츠크파와 러시아 한인 정책 담당자들의 잘못된 노선 결정이 문제를 키운 측면이 분명 존재한다. 즉 코민테른 동양비서부의 편파적 원조가 사건의 핵심이란 분석이다. 한편에서는 상해파와 이르쿠츠크파의 이념 차이가 빚은 갈등을 요인으로 분석하기도 한다. 상해파는 민족해방혁명을, 이르쿠츠

---

* 자유시에 모인 독립군 숫자와 피해 규모는 관련 자료마다 조금씩 편차가 있음을 밝힌다.

크파는 사회주의 혁명을 견지했다. 더해서 시베리아, 연해주 일대에 출병해 있던 일본군이 적군에게 한인 독립군 무장 해제를 요구한 사실도 있다. 이렇듯 자유시 참변은 독립군 세력 간 이해와 주변 정세 등이 복잡하게 얽히며 어느 한 가지 원인으로 설명하기 어려운 사건이다.

회복할 수 없는 상처를 입은 독립군들은 1922년 김규식이 고려혁명군을 조직하면서 다시 재정비되는 듯했으나, 소련 정부가 연해주 내 모든 독립군의 무장 해제를 요구하면서 탄력받지 못한다. 한인들의 독립운동보다 일본과의 관계를 더 중요시한 결과였다.

“다시는 우리끼리 싸우는 일이 없기를”

두 시간의 대화 끝에 택시에 올랐다. '자유시 참변 추모비'를 찾아 스보보드니 외곽 소벳스키 마을로 향했다. 이 마을은 1937년 강제 이주 전까지 한인 마을이었다고 한다. 전해지는 이야기에 따르면 과거 러시아 사람들은 이곳을 '쌀 마을(고려촌)'로 불렀다. 자유시 참변 당시에는 마을 인근에 사망한 독립군들이 묻혔다. 그런 인연으로 지난 2017년 6월 9일 이곳에 자유시 참변 추모비가 세워진다. 비극이 있고 96년 만의 일이었다.

먼발치 굴뚝에서 연기가 몰몰 피어오르는 목가적 풍경이 펼쳐졌다. 하늘은 무엇 때문인지 기쁨과 슬픔을 교차하듯 광휘와 눈송이를 함께 날렸다. 추모비는 마을 입구 자드락에 있다고 했다. 두리번두리

번하다 언덕으로 이어지는 경사면 초입에 검은 오석烏石으로 만든 비석이 눈에 들어왔다. 바로 찾아온 듯했다. 아무도 밟지 않은 눈 덮인 길 위에 발자국을 내며 도로에서 30미터 정도를 걸어 들어갔다. 작은 공간에 사람 키만 한 빗돌이 서 있었다. 거기에는 한글, 아라비아 숫자, 한자, 러시아어를 섞은 비문이 아래와 같이 적혀 있었다.

다시는 우리끼리 싸우는 일이 없기를. 서력 1921.06.28. 흑강 자유시 사건 독립군순절지. 1921년 이 땅에서 희생된 한인 빨치산 잠들다.

비석 아래 누군가 놓아둔 조화가 있었다. 해진 품으로 봐서 오랫동안 이 자리를 지킨 모양이었다. 간닥간닥 바람에 들썩이며 간신히 자리를 붙들고 있는 조화 위에 설화가 내려앉았다. 바람살이 스산한 날이었다. 긴 시간을 지나오며 국외독립운동사적지의 현지 모습은 계속 바뀌어 왔다. 때론 과거와 지형이 완전히 달라져 여기가 맞나 하는 곳도 있고, 때론 자료가 없어 정확한 위치를 찾을 길 없는 경우도 허다하다. 그럼에도 희망적인 건 늦었지만 무엇인가가 하나둘 세워지고 있다는 점이다. 이제 그 기념과 추모는 승리의 역사가 아닌 치욕의 역사를 포용해야 한다. 자유시 참변은 다른 나라 사람에게 우셋거리가 될 일인지 모르지만, 우리는 이 뼈아픈 사실을 영원히 잊지 않아야 한다. 그래야만 똑같은 비애감을 느끼지 않을 수 있다. 모두 내 나라가 없어 벌어진 일이지 않나.

소벳스키 마을에서 멀지 않은 우다르넨스코에 클라드비세 공동묘지는 자유시 참변 당시 독립군들이 비석도 없이 매장된 곳으로 알려졌다. 전해지는 이야기에 따르면 당시 사망한 독립군들은 관도 갖추지 못하고 장례식도 없이 길게 파놓은 웅덩이에 차례로 눕혀져 백목을 덮고 묻혔다. 공동묘지 인근을 촬영하고 시내 끄라우베체스키우향토박물관으로 향했다. 이곳에서 '반일 열사 장상두'라고 적힌 한인 사진 등을 둘러보고 다시 택시에 올랐다.

시내를 벗어나 철길 옆 울퉁불퉁한 비포장도로를 따라 남쪽으로 가다 보면 자유시 참변 현장 체스노코프역이 나온다. 주로 화물 열차가 정차하는 이곳에 남아 있는 증기기관차 급수탑은 자유시 참변의 상징이다. 독립군 중 일부가 과거 수라세프가 마을이던 이 급수탑 주변에 주둔 중이었다. 생각지도 못한 내전 아닌 내전이 벌어진 현장, 급수탑은 화약 냄새 진동하고 피비린내 풍기는 아비규환을 모두 내려다봤을 거다. 유일한 목격자는 본의 아니게 그 모든 걸 떠안듯 비극의 상징이 돼버렸다. 주변은 고즈넉했다. 노신사처럼 우두커니 서 있는 급수탑 주변을 천천히 둘러봤다. 철로를 가로지른 육교 위에 올랐다. 동에서 서로 달리는 열차가 '빠아~앙~' 하고 길게 기적을 울리며 지나갔다. 주민 몇몇이 카메라를 든 내가 신기한지 힐끔거리며 스친다. 이곳 주민의 일상이 돼버린 허공 위 다리, 현지인에게 자유시 참변은 남루한 뒤주 안에 갇힌 좀 슬어버린 이야기일지 모른다. 그들에게 이 역사를 기억해달라 성을 낼 순 없는 노릇이다. 치밀어 오르는 화는 실패한 과거를 역사에서 도려낸 사람들을 향해야 한다.

黑江 自由市事件 殉節地
西曆 1921。06。28。
다시는 우리끼리 싸우는 일이 없기를。
покой
корейским партизанам,
на этой земле
в 1921 году.

자유시 참변 추모비

자유시 참변 터(체스노코프역 앞)

자유시 참변 터(체스노코프역 급수탑)

폭도처럼 밀고 들어오는 동지도 아니고 적도 아닌 그들과 맞닥뜨린 독립군은 무엇을 어떻게 해야 했을까. 함께 뜻을 나누고 피 흘린 전우가 총탄을 쏘아대는 어처구니없는 상황에 얼굴은 창백해지고 머릿속은 백지장처럼 변했을 거다. 누군 가늠좌에 한쪽 눈을 댔다 떼었다 하지 않았을까. 그러다 누군 안절부절 덴겁하게 방아쇠를 당겼고, 누군 차마 총을 쏠 수 없어 등을 보인 채 도망치지 않았을까. 허둥지둥 한 무리의 독립군들이 몸을 피해 제야강Zeya River 앞에 섰다. 피하고 싶지만 그럴 수 없는 상황에 내몰린 절박한 자들. 제발 쫓아오지 말라고 소리쳐 본들 아무도 듣는 이 없는 강가. 물살 빠르기로 이름난 곳, 할 수 있는 건 '첨벙첨벙' 몸을 던져 강물에 운명을 맡기는 것뿐. 쏜살같이 질주하던 강물이 힘 빠진 그들을 한입에 집어삼켰다. 그 수가 수십 명을 헤아렸다. 개중에는 동지들에게 차마 총부리를 겨눌 수 없어 몸을 던져 자결을 시도한 이도 있었다고 한다. 원수의 총탄에 맞아 명예롭게 죽길 원했던 사람들이었다. 동지를 피해 수장될 운명이라 누가 상상이나 했을까.

괴괴한 침묵이 흐르는 제야강 앞에 바투 섰다. 바람도 숨죽여 우는 듯 옅은 눈발을 날리고 있었다. 콘크리트처럼 얼어붙은 강 위를 사납게 날던 바람이 산득 살갗을 할퀸다. 이 작업을 하다 보면 때론 카메라 앵글 안에 들어온 피사체가 버거울 때가 있다. 그때마다 잉걸불에 덴 것처럼 가슴이 쓰라린다. 이날도 그런 하루였다. 나도 몰래 한숨을 쉬며 투레질을 했다. '겨울이었다면 얼음 위를 달려 그렇게 살

앉을 텐데. 어디쯤이었을까, 그들이 한갓되게 강물에 뛰어든 장소가. 필시 여기 어디일 텐데….' 꽁꽁 얼어버린 강 위에 난 길이 가뭇해진다. 나보다 우리를 생각하며 제야강에 몸을 던진 그 순수를 추모하며 가는 길은 달라도 목적지는 하나였으면, 거기서 만나 웃으며 노래했으면, 나 그렇게 살았으면.

이별의 왈츠

다저녁때 돼서야 작업을 마쳤다. 가게에 들러 초콜릿 비스킷을 사 들고 숙소로 향했다. 숙소 문을 열고 들어가자 〈이별의 왈츠〉를 듣고 있는 갈라 할머니가 보였다. 나를 발견한 그녀가 가슴을 치며 하늘을 올려다봤다. 무슨 말을 마구 쏟아내고 싶은 답답한 얼굴이었다. 거기다 웃음살 핀 얼굴로 번역기 앱을 열어 휴대폰을 건넸다.

"왜 이제 온 거야, 얼마나 걱정했다고!"

할머니가 가슴을 치며 말했다. 러시아어를 못 하는 나를 생각하며 하루 종일 생가슴을 앓았던 거 같다. 배낭에서 비스킷을 꺼내 할머니에게 뜨뜻미지근하게 내밀었다. 그제야 꾸덕꾸덕 굳었던 얼굴이 풀어지며 미소가 번진다. 할머니는 따뜻한 차를 내왔다. 우리는 한동안 휴대폰을 주고받으며 열심히 번역기에 대고 말을 이어 갔다.

다음 날 노루잠을 자다 미명에 짐을 꾸려 로비로 나왔다. 갈라 할머니가 눈을 비비며 일어나 레인지에 물을 올렸다. 그리고 벽에 걸려 있던 스보보드니 급수탑 그림을 떼 내게 내밀었다. 관심 있게 작품을 보던 내 모습을 눈여겨본 모양이었다. 그림을 떼어 내자 보이지 않던 액자 자국이 나타났다. 사라진 것의 흔적이 왠지 모르게 아련했다. 살며시 다시 액자를 원래 자리에 걸어 놓았다. 든 자리는 모르지만 난 자리는 금방 표가 나는 법이다. 있던 곳에 있어야 빛이 나는 그림 같았다. 그 모습이 더 보기 좋았다. 할머니가 커피를 내왔다. 으레 그랬던 것처럼 할머니와 휴대폰을 주거니 받거니 했다. 전화벨이 울렸다. 역까지 갈 택시 기사였다. 할머니가 자리에서 일어나며 말했다.

"또 언제 와서 남은 커피 다 마실 거니?"

"다시 와서 꼭 마실게요. 너무 감사했습니다. 할머니가 없었다면 아무것도 하지 못했을 거예요. 잊지 않을게요."

한없이 연완해 보이는 할머니를 꼭 끌어안았다. 그렇게 서로의 온기를 조금 나눴다. 스보보드니는 내게 비극의 현장이었지만 푼푼하게 여행자를 보듬을 줄 아는 따스한 땅이기도 했다. 낮게 깔린 안개를 헤치며 어슬어슬 이른 새벽 역으로 가는 길 〈이별의 왈츠〉를 흥얼거려 본다.

처음 카메라를 들고 이국땅을 둘러보기 시작한 이유는 비행기 안에서 바라보는 세상 풍경이 너무 황홀했기 때문이다. 그러다 낯선 골목을 쏘다니는 매력에 빠졌다. 휘어 돌아가고 꺾여 나가는 미지의 좁

스보보드니 급수탑 그림

다란 길은 그 자체로 훌륭한 여행지였다. 거기에는 진한 사람 냄새가 떠다녔고, 일상이 시시각각 극적 풍경을 만들어 냈다. 그렇게 골목을 오랫동안 걷다 보니 문득 나를 발견해보고 싶었다. 배낭을 메고 전 세계를 하나의 선으로 이어, 좋다는 명산을 찍고 다녔다. 아프리카 킬리만자로산에 올라 보고 남미 파타고니아의 바람을 원없이 느껴보기도 했다. 그래도 여행에 대한 갈증은 쉬 가시지 않았다. 어느 날 보니 멕시코에 있는 한 독립운동가 무덤을 서성이고 있었다. 그리고 지금까지 우리 역사를 기록하고 있다. 수없이 비행기를 탔고, 셀 수 없이 덜컹이는 버스에 올랐다. 이젠 몇 개국 몇 개 도시를 여행했는지조차 아렴풋하다. 한 가지 또렷한 건 사람들이 조건 없이 내게 베푼 친절이다. 여행을 하다 보면 이따금 받아야 할 대가를 받지 않겠다고 하는 사람을 만났다. 그들은 "받은 도움을 갚고 싶거든 다른 사람한테 똑같이 베풀면 된다"고 말했다. 생각지도 못한 깨달음이었다. 여행을 이어갈수록 그런 '현자'들이 자꾸 눈에 띄었다. 갈라 할머니도 그런 사람 중 한 명이었다. 도움을 주고 정을 나눈다는 건 타인의 처지에 동감했기 때문에 가능한 일이다. 세상을 지탱하는 힘은 이런 인간다움에서 비롯돼야 한다. 이것이 이 세상이 숨겨놓은 가장 빛나는 아름다움이다. 이따금 "어떤 생각으로 작업을 계속하고 있냐"는 질문을 받는다. 그리 거창한 철학이 있는 게 아니다. 단지 말이 아닌 행위로 공감을 표현하는 현자들의 가르침을 실천할 뿐이다. 이 행위는 곧 사회로부터 내가 받은 수많은 혜택을 조금 갚는 일인 셈이다. 무엇이 더 필요한가.

7

하바롭스크

한 여성 혁명가의 탄생

가랑눈이 내리는 날이었다. 열차는 눈발을 헤치며 왔던 길을 되돌아 동진을 계속했다. 이따금 요람처럼 흔들리는 침대에 누워 잠시 눈을 붙이고 일어났다. 이번 여정의 마지막 촬영지 자료를 다시 검토했다. 텍스트 더미 속에서 작은 실마리를 찾아내야 한다. 이야기를 이미지로 번역해내는 일은 최종적으로 셔터를 누르는 걸로 끝난다. 하지만 그 과정에서 역사적 사건과 전후 맥락을 파악해 어떤 관점을 가지냐가 중요하다. 달리 이야기하면 역사를 다루는 사진가는 이미지를 생성하기 전에 서사를 꿰뚫어 거기서 어떤 감정을 끄집어내야 한다. 그리고 이를 순간의 장면으로 치환시켜야 한다. 항상 불안에 떨었던 건 모든 현장이 통제 밖이었기 때문이다. 할 수 있는 건 이야기를 내 것으로 만들어 사진적 문법에 맞게 현장을 재구성해 보는 것뿐이었다.

그래서 촬영은 언제나 초조와 불안에서 시작된다.

스보보드니에서 열세 시간 동안 대략 800킬로미터를 동진해 하바롭스크에 도착했다. 이 도시의 역사는 17세기 러시아 카자크 탐험가들이 아무르강 가에 세운 캠프에서 시작된다. 예로페이 하바로프 Yerofey Khabarov가 이 탐험대 대장이었는데 하바롭스크란 지명은 그의 이름에서 왔다. 참고로 카자크는 '자유인'을 뜻하는 터키어에서 유래했는데, 15~16세기 러시아 중앙부에서 남방 변경 지대(현 우크라이나 일대)로 이주해 자치적 군사 공동체를 형성한 농민 집단을 뜻한다.

1858년 러시아 동시베리아 총독 니콜라이 무라비요프 아무르스키 Nikolay Muravyov-Amursky*가 청나라와 아이훈 조약을 맺으면서 도시 건설이 본격화된다. 이때 시베리아에 유배와 있던 러시아 죄수들이 노동자로 대거 투입된다. 19세기 후반부터 하바롭스크는 러시아의 극동 진출 거점으로 급부상하는데, 블라디보스토크가 군항의 이미지가 강하다면 이 도시는 조금 더 세련된 동유럽풍 면모를 지니고 있다.

하바롭스크는 한인사회당이 창당된 곳으로 우리 독립운동과도 인연이 깊다. 한인의 이름을 딴 '김유천 거리'**가 있으며 조명희의 흔적 등도 남아 있다. 무엇보다 김알렉산드라의 발자취를 되짚어 볼 수

---

* 러시아의 극동 지역 영토 확장에 지대한 공을 세운 인물. 시베리아 횡단 철도, 미국에 알래스카 매각 등이 그의 아이디어다.

** 1900년 연해주 쑤이펀허에서 출생한 김유천(김유경)은 1921년 적군으로 시베리아 내전에 참여한 한인 혁명가다. 그는 1929년 중·소 전쟁 때 소련군 중위로 전공을 세우고 전사한다. 러시아에서 한인 이름을 딴 거리는 이곳이 유일하다. 김유천은 김유경을 러시아식으로 발음하다 나온 오기다.

있는 도시로 알려져 있다. 한 여성 혁명가의 극적 이야기를 따라가다 보면 나도 몰래 눈시울이 뜨거워질지 모른다. 내게 하바롭스크는 애잔하고 비통한 우리 역사의 한 마디 옹이 같은 도시였다.

알렉산드라 페트로브나 김 스탄케비치, 그녀의 한국식 이름은 김애림이다. 어린 시절 예명은 수라였다. 흔히 그녀를 김알렉산드라라 부른다. 그녀는 한인 최초 볼셰비키 혁명가이자, 노동 인권 운동가였다. 대한민국 정부는 지난 2009년 그녀에게 건국훈장 애국장을 수여했다. 우리가 컴컴한 장막 뒤에 가려진 그녀의 실체를 제대로 인식한 건 얼마 되지 않은 일이다. 불꽃 같던 그녀의 생은 어떻게 시작돼 어떻게 막을 내렸을까.

1869년 기사 흉년이 한창일 때 두만강을 건너 연해주로 이주한 사람 중에는 함경북도 경흥 출신 김두서(표트르 김)가 있었다. 얼마 뒤 그는 지신허에서 추풍 인근 영안평으로 터전을 옮긴다. 1885년 김두서는 이곳에서 4남 2녀 중 셋째 김알렉산드라를 낳는다. 하지만 일찍이 부인이 사망해 농사와 육아를 도맡는 어려운 생활을 해야 했다. 그에게는 남다른 어학적 재능이 있어 중국어와 러시아어를 틈틈이 익힌 덕분에 농사일보다 통역을 더 많이 하게 된다. 1896년 김두서는 동청철도 건설 공사 통역으로 징집돼 열한 살이던 김알렉산드라를 데리고 만주로 간다. 몇 년 뒤 중국에서 의화단 사건이 터지자 김두서는 러시아군 통역으로 선발된다. 그러나 1902년 의화단 진압 현장에서 부상을 입고 하얼빈에서 갑작스레 사망한다.

김알렉산드라는 하얼빈에서 아버지가 친구로 사귄 폴란드계 러시아 철도 기술자 이오시프 스탄케비치의 도움을 받아 블라디보스토크에서 여자중학교에 입학해 과정을 마친다. 이 시기 그녀는 니콜라이 체르니셉스키Nikolay Chernyshevsky 등 러시아 사상가들의 책을 탐독하며 사회 문제에 눈을 뜬다. 그런 뒤 니콜스크(우수리스크) 사범학교에 입학해 학업을 이어가는데, 이 시기 제국주의의 폭력과 제정 러시아의 봉건적 억압을 직시한다. 이때부터 김알렉산드라에게 군국주의와 계급 제도는 타파의 대상이 된다. 그녀는 학교를 졸업한 뒤 고향 영안평에서 소학교 교사로 재직하는데, 스무 살 무렵이던 이때 스탄케비치의 아들 마르크 스탄케비치와 결혼한다. 얼마 뒤 아들이 태어난다. 남편은 도박과 술에 절어 살았다. 김알렉산드라와 부르주아 출신 남편은 무엇보다 세상을 보는 시각이 달랐다. 부부 사이의 갈등은 점점 깊어져 갔고, 그럴수록 김알렉산드라의 사회 운동에 대한 열망도 커져나간다. 가정은 그녀를 잡아두기에는 너무 좁은 세상이었다. 결국 결혼 생활은 파국에 이른다. 김알렉산드라는 1908년 블라디보스토크에서 노동자 동맹 파업을 주도한다. 1909년에는 총파업을 이끌며 지하 노동 운동에 본격 뛰어든다. 그러면서 신한촌 러시아 정교회 신부 오 바실리*와 동거를 시작한다. 새로운 삶은 그녀를 전혀 다른 세계로 인도한다.

---

* 한인 러시아 정교회 신부 오 바실리와 김알렉산드라 사이에는 아들이 한 명 있었다. 훗날 오 바실리는 신부를 그만두고 이동휘 등 독립운동가를 돕게 되고 한인사회당 부위원장으로 활동한다. 그는 독립운동가 오하묵의 삼촌이기도 하다.

1914년 1차 세계대전이 발발한다. 러시아 정부는 블라디보스토크 인력 회사를 통해 한인 노동자를 대거 우랄 지역 벌목장으로 송출한다. 하얼빈에서도 4,000여 명의 중국인들이 우랄로 간다. 당시 우랄 페름Perm 지역에는 무기 공장과 벌목장이 많았다. 그런데 노동자 대부분이 봉건적 노동 착취와 학대를 견디며 노예 아닌 노예 생활로 고통받는다. 블라디보스토크 신한촌에서 활동하던 한인 자치기구 '한인민회'에서도 이 문제를 해결하고자 대표단을 파견, 고용인 측과 협상에 나서지만 실마리를 찾지 못한다.

1914년 말 김알렉산드라는 혈혈단신 우랄행 열차에 오른다. 영웅은 우두머리가 되려는 자가 아닌, 그저 부름에 응답하는 자라고 했다. 이 말처럼 한 여성 혁명가의 마수걸이 활동은 동포들의 신음에 응답하는 것으로 시작된다. 그녀는 현지에서 이인섭(1888~1982)* 등과 협력해 '우랄노동자동맹'을 결성, 불합리한 관행과 착취에 맞서며 노동자의 인권과 처우 개선을 위해 투쟁한다. 그러다 1917년 러시아 2월 혁명이 터지고 우랄의 노동자 인권 문제가 수면 위로 떠오른다. 이즈음 김알렉산드라는 한인 최초 볼셰비키 당원이 된다. 노동자 편에서 목소리를 드높일 기회였다. 그녀는 노동자들의 소송 대리인으로 법의 심판대 앞에서 공장 측의 불법과 재판 과정의 불공정을 당

---

* 평안남도 맹산군 일대에서 김관수 의진 서기로 활동하다, 1910년 7월 중국 훈춘 석두하자 일대에서 국민회 지방회를 설립했다. 1913년 블라디보스토크에서 〈권업신문〉 발간에 참여했으며, 1915년부터 1918년까지 옴스크에서 한인 청년회 회장과 우랄 노동자동맹 회장을 역임한다. 1918년 한인사회당 중앙위원회 위원으로 활동하다, 1937년 중앙아시아로 강제 이주된다. 그의 무덤은 현재 우즈베키스탄 안디잔(Andijon)에 있다.

당하고 낱낱이 성토한다. 이 재판은 러시아 내부에서도 큰 반향을 일으켰는데, 재판 날이면 지방 법원 앞에 수만 군중이 운집할 정도였다고 한다. 결국 김알렉산드라는 한·중·러 노동자의 체불 임금을 지불하고, 손해를 배상하란 법원 판결을 이끌어 낸다. 깊은 인상을 남긴 그녀의 소식이 삽시간에 각지로 퍼져나간다.

김알렉산드라는 일명 '사관학생단사건' 해결에도 일조한다. 이 사건은 1914년 중국 길림성 왕청현 나자구에 문을 연 독립군 양성 무관학교가 운영이 어려워지면서 시작된다. 당시 이 학교는 개교 1년 만에 경비 문제와 중국 측 탄압이 겹치며 문을 닫게 된다. 이를 지켜볼 수 없던 학생 서른두 명이 의기투합해 페름 대공장에서 1년간 노동자로 일해 학교를 살리자고 맹세한다. 학생들은 블라디보스토크로 가 뽀드랴치크•라 불리던 청부업자와 고용 계약을 맺고 우랄로 향한다. 이 과정에서 평소 연해주 한인 사회에서 몽짜로 악명 높던 김병학이 선불로 받은 학생들의 임금을 갖고 자취를 감춰버린다. 우랄에 도착한 학생들은 연해주에서 듣던 거와는 전혀 다른 환경에 놓인다. 근로 계약은 1년에서 2년으로 늘어나 있었고, 약정된 벌목 할당량은 밤낮 가리지 않고 일해도 채우기 힘든 수준이었다. 임금도 통상 수준의 절

• 최재형, 문창범, 최봉준 등은 모두 뽀드랴치크였다. 이들 대부분은 러시아 국적을 취득한 사람들이 많았고 노동자를 모집하거나, 관청, 군대에 물품을 납품하는 일을 했다. 러시아어를 모르던 한인 노동자들은 임금 수령과 지급 권한까지 있던 뽀드랴치크를 통해 일자리를 구할 수밖에 없었다. 김병학은 블라디보스토크 민회 회장이기도 했고, 권업회 외교부장 등의 직책을 역임한 한인 사회 유력 인사였다.

반이 채 안 됐다. 학생들에게 벌목장은 담 없는 감옥이나 마찬가지였다. 지옥 같은 생활에서 벗어나는 방법은 계약 조건 이행밖에 없었다. 하지만 전옥 같은 생활은 1년 이상 이어지고 결국 한 학생이 사망에 이른다.

김알렉산드라가 그들을 찾아 나선다. 그리고 학생들을 만나 두 손을 부여잡고 뜨거운 동포애를 나눈다. 그녀는 학생들이 이곳까지 온 연유를 듣고 마음속으로 독립운동의 가치와 정신을 다시금 되새긴다. 그리고 학생 대부분을 구제해 연해주로 돌려보낸다. 천신만고 끝에 돌아온 학생들은 김병학을 찾아가 체불 임금 1,200루블을 돌려받는다. 그리고 이 돈을 '우랄동맹 31인'의 이름으로 북간도 독립자금으로 송금한다.

모든 차별과 억압에 저항하다

1917년 여름 김알렉산드라는 우랄에서 블라디보스토크로 돌아온다. 그녀는 곧장 노동자를 대상으로 볼셰비키 노선 홍보에 들어간다. 이 무렵 그녀는 블라디보스토크 주둔 일본군을 대상으로 제국주의와 전쟁에 반대하는 선전 활동도 함께 전개한다. 당시 살포된 전단에는 아래와 같이 쓰여 있었다고 한다.

> 부자들을 위해 당신들의 피를 팔지 마십시오. 그들은 당신들의 적입니다. 총부리를 당신들의 착취자들에게 돌리십시오. 일본 자본가와 사무라이 장군들에게.

그러다 러시아 10월 혁명이 터지고, 볼셰비키가 정권을 장악한다.

김알렉산드라는 하바롭스크에서 열린 '제3차 원동지방소비에트대회'에 참가하는데, 극동 지역 볼셰비키 집행위원회 위원으로 선출된다. 더불어 하바롭스크 볼셰비키 책임서기·회계에 선임된다. 그녀는 독일 밀정으로 오해받아 하바롭스크에 구금돼 있던 이동휘부터 석방시킨다. 그러던 중 원동인민위원회 외무인민위원(외교 위원장)이란 중책을 맡게 된다. 주요 임무는 1차 세계대전 전쟁 포로 처리였다. 그녀는 볼셰비키 이념에 동조하는 다국적 군조직을 만들어 독립운동과 연계하려 했다.

이즈음 독립운동도 긴 침체 늪에서 빠져나와 움직임이 부산해진다. 하지만 러시아 내 한인 활동은 원호와 여호의 갈등으로 삐거덕댄다. 볼셰비키 입장도 양분돼 있었고 지역별 차이까지 있었다. 그러던 1918년 5월 하바롭스크에서 한인사회당이 창당된다. 이동휘가 중앙위원회 위원장에, 오 바실리가 부위원장에, 유동렬이 군사부장에, 이한영이 조직부장에, 김립이 선전부장에 선임된다. 중앙위원으로는 김알렉산드라, 박진순 등이 자리한다. 100여 명으로 구성된 한인 무장부대 '적위대'가 이때 조직된다.

1918년 6월 29일 블라디보스토크에서 체코 군단이 반볼셰비키 봉기를 일으킨다. 이런 분위기는 체코군이 동진하면서 러시아 서쪽부터 확산되고 있었다. 그들이 만들어 놓은 예기치 못한 회오리는 그해 8월 일본을 포함한 서구 연합군의 군사 개입을 촉발시킨다. 특히 일본군은 체코 군단과 자국민을 보호한다는 명분을 앞세워 백군과 연합해 연해주, 하바롭스크를 넘어 시베리아까지 진군하며 적군을 무너뜨려 간다. 하바롭스크에서 상황을 예의 주시하던 김알렉산드라는 이동휘 등과 대책을 상의한다. 한인사회당 적위대는 우수리 전선에서 백군 연합 세력에 맞선다. 이 과정에서 한인 적위대원 30여 명이 전사한다. 상황이 급박하게 돌아가자 김알렉산드라 등 한인사회당 지도부는 아무르주로 대피를 결정한다.

9월 4일 백군이 하바롭스크를 함락한다. 마지막 탈주선 '바론 코르프호'가 9월 10일 황급히 하바롭스크를 떠나 블라고베셴스크Blagoveshchensk로 향한다. 탈출을 너무 지체한 걸까, 마지막 탈주선이 그만 백군에 나포된다. 배에 타고 있던 한인사회당 인사들은 잔악하기로 악명 높던 이반 칼미코프Ivan Kalmykov 장군의 심문을 받고 즉결 심판에 넘겨진다. 다행스럽게 유동열, 김립, 이인섭 등 한인사회당 주요 인사 10여 명은 중국인 상인 행세로 가까스로 석방된다. 하지만 극동 볼셰비키 핵심 인물 김알렉산드라는 백군 손아귀에서 빠져나오지 못한다. 그녀는 모진 고문을 받으면서도 끝내 전향을 거부한다. 결국 1918년 9월 16일 신새벽 감옥에서 끌려 나와 총성 소리와 함께 생을 마감한다. 김알렉산드라의 나이 서른한 살 때 일이다.

지난 2019년 중국 길림성 왕청현 나자구 태평촌 신선동에 있는 한 동굴 속 태극기를 담은 장면이다. 현장에는 태극기뿐만 아니라 대한독립 그리고 이준, 양희, 지승호, 장태호 등 네 명의 이름이 한자로 함께 새겨져 있다. 나자구는 시베리아 벌목장에서 김알렉산드라를 만난 학생들이 살려보고자 했던 동림무관학교(대전학교)가 있던 곳이다. 이 학교 학생들이 동굴에 흔적을 남긴 주인공으로 추정된다.

우아한 복수

두툼한 겨울용 외투 속으로 삭풍이 스몄다. 하바롭스크의 겨울바람은 눈물이 날 정도로 매서웠다. 마치 냉동고 안에서 바람을 맞고 있는 느낌이었다. 언 땅 위에 낫낫하게 내려앉은 햇살을 위안 삼아, 한인사회당 창당 터, 김유천 거리, 조명희 가옥, 김알렉산드라 활동지 등을 쏘다녔다. 그런 뒤 방향을 아무르강변 우초스 절벽으로 잡았다. 절벽 앞에는 피 한 방울 흘리지 않고 극동 지역을 차지한 아무르스키 동상이 늠름한 자태를 뽐내고 서 있었다. 아무르스키에 대한 러시아인들의 존경이 얼마나 대단한지 5,000루블 지폐에 동상과 우초스 절벽이 함께 들어가 있을 정도다. 그런데 뜻하지 않은 표지판이 눈을 치켜뜨게 만들었다. 거기에는 김정일이 2001년 8월 17일 하바롭스크시를 찾았다는 내용이 한글과 러시아어로 적혀 있었다. 북한은

1980년대부터 김정일의 백두 혈통을 정당화하기 위해 백두산 삼지연 밀영密營 귀틀집*을 성역화한다. 그러나 실제 김정일이 태어난 곳은 백두산이 아닌 하바롭스크일 가능성이 높다.

살을 에는 바람을 맞으며 침잠한 슬픔이 짙게 배인 우초스 절벽에서 아무르강을 내려다 봤다. 1918년 9월 5일 백군이 오스트리아-헝가리 악사 열여섯 명에게 〈황제곡〉 연주를 요구하는데, 악사들은 "우린 붉은 군대를 지지한다"며 우초스 절벽에서 총살을 선택한 일이 있었다. 어디 이곳에서 고아하게 죽어나간 사람들이 이들뿐이었겠나. 하바롭스크 시민들은 이 같은 무자비한 처형을 보고 한동안 아무르강에서 잡힌 고기를 먹지 않았다고 한다.

모자를 눌러쓰고 얼굴만 살짝 내놓은 채 삼각대를 펼쳤다. 아무르강 위에 카메라를 고정했다. 멈춰 있는 듯한 유빙이 가장자리를 차지하고 있는 강가 풍경은 사뭇 낯선 느낌이었다. 정停과 동動이 공존하는 공간을 셔터를 길게 열어 담았다. 정지된 것처럼 보이는 유빙의 미세한 움직임과 한 번도 멈춘 적 없는 묘묘한 강물 흐름이 함께 담겼다. 이따금 사진은 보이지 않던 시간을 시각화한다. 그 이미지는 시작과 끝이 아닌 과정을 말하기도 한다. 사진에 담긴 강물과 유빙의 극적 대조는 멈춰 있는 것과 흘러가는 것을 통해 존재했다 사라지고

---

* 밀영은 산악 지대 등지에 만들어 놓은 비밀 은신처를 말하고, 귀틀집은 통나무를 우물 정(井)자 모양으로 쌓아 올려서 벽을 삼은 집을 뜻한다.

다시 존재하기를 반복하는 어떤 순환을 환기시킨다. 도도한 강물의 흐름 앞에 죽어 있는 듯 때를 기다리는 유빙들. 그 모습은 우리의 역사와 퍽 닮아 있었다.

비극의 흔적을 좇아 '죽음의 계곡'으로 갔다. 이곳은 적백내전 당시 우초스 절벽과 더불어 많은 사람이 처형돼 묻힌 장소다. 과거 골이 파였던 곳 주변에는 건물들이 빼곡했다. 한쪽에 널찍하게 조성된 광장에는 "소비에트 권력을 위해 죽은 사람들의 영혼을 항상 기억하라"는 문구가 적힌 추모탑이 서 있다. 김알렉산드라도 이곳에서 숭고한 마지막 숨을 몰아쉬었을 가능성이 있다. 살풍경 속에서 쉬 걸음을 멈추지 못하고 주변을 이리저리 서성였다. 번란한 마음을 가라앉히고 지긋이 주변을 관조한 채 천천히 셔터를 끊었다. 찾지 못한 기록, 지워진 기억 그리고 감춰진 진실은 분명 이 현장에 있을 거다. 하지만 진실에 이르지 못한다는 걸 잘 알고 있다. 몸부림을 친다고 해결될 일이 아니었다. 해야 하는 건 포기 없이 과거로 대화를 시도하는 것뿐. 진실은 정해진 것이 아닌 단지 해석될 뿐이다. 기록은 그 무한한 가능성의 시원이다. 돌아 돌아 죽음의 계곡에서 해야 할 일이 또박또박 장면을 남기는 일이란 사실이 새삼스러웠다.

이 글을 쓰며 김알렉산드라의 처형지에 대한 여러 자료와 증언들을 찾아 헤맸다. 그녀의 처형지는 우초스 절벽과 죽음의 계곡 두 가지 설로 압축된다. 김알렉산드라의 동지 나탈리야 그리네바가 적은 회상기의 마지막 모습은 이렇다.

영웅적으로 죽은 고려인 여성이 있다. 그녀는 전권을 위임받은 사람이며, 교육을 받은 사람이다. … 그녀는 자신이 죽어 쓰러질 구덩이를 선택한 뒤 '이 죽음은 자유를 갈망하는 모든 노동자들을 위한 것'이라고 외쳤다. 그리고 총의 첫 발에 쓰러졌다.

이인섭이 기록해 놓은 마지막 모습은 이렇다.

"내가 죽을 자리를 내가 잡을 것이다" 하고 자기를 사형리들이 세웠던 자리에서 13보•를 엄숙하고 정직하며 진중한 태도로 뚜벅뚜벅 걸어 나가서 헤이룽강 물이 휩싸고 도는 파도에 하얀 물결이 넘치는 검고 푸른 바윗돌 위에 마치 기념 동상처럼 우뚝하게 올라섰다. 수많은 관중들은 모두 숨도 크게 쉬지 아니하고 그를 향해 침묵에 잠기었다.

그녀가 순국한 곳이 어디인지 섣불리 단정할 순 없지만 앞선 증언에서 한 가지 눈여겨볼 대목이 있다. 공통적으로 김알렉산드라가 마

• 1896년 8월 고종은 아관파천 중 그간의 행정구역이 효율적이지 못하고 재정 부담이 크다는 지적에 8도 중 충청 · 전라 · 경상 · 평안 · 함경도를 남 · 북으로 나눈다. 이로써 조선은 13도제가 된다. 이때부터 일제강점기까지 관례적으로 전국을 13개도로 인식했다. '13도의군'이란 명칭이 나온 이유가 여기에 있다.

지막 누울 자리를 스스로 선택했다고 말했다. '수처작주 입처개진隨處作主 立處皆真'이라 했다. 어디에서든 주인으로 살면 그곳이 바로 진리의 자리가 된다. 주인으로 산다는 건 어떤 누구도 어떤 환경도 굴레가 되지 못하는 삶이다. 그것은 선택에 책임을 다하는 여정이자, 과정을 즐거움으로 승화하는 생이다. 주인으로 사는 사람은 애걸도 구걸도 하지 않는다. 도움받기보다 베풀며, 따라나서기보다 스스로 깃발이 되고, 무엇보다 당당하고 흔들림이 없다. 김알렉산드라는 자신을 쓰러트릴 수 있는 건, 자기 자신뿐이란 사실을 깨닫고 있었던 것 같다. 죽어 누울 자리의 선택에서조차 주인의 의무를 다하고자 했던 그녀의 마지막 모습은 인간의 존엄이 무엇인지 다시 생각하게 만든다. 몽매한 자들이 팔과 다리를 옭아매고, 재갈을 물리고, 눈을 가려도 그녀는 신념을 꺾지 않았다. 이는 죽음 앞에서 연민, 분노, 허무가 가슴을 뒤틀며 절명의 고통을 주는 순간, 그녀가 할 수 있는 가장 우아한 복수였다.

16
ул. ЛЕНИНА

한인사회당 창당터

김알렉산드라 활동지

25м
мода

죽음의 계곡 추모비

기억되지 못한 사람

러시아 상트페테르부르크에서 이인섭의 막내딸 스베틀라나 슬로보치코바Svetlana Slobochkova 여사를 만났을 때 이야기다.

한인 후손 통역에게 연락이 왔다. 왜 집에서 촬영해야 하는지, 무슨 취지인지, 왜 본인을 찍으려 하는지 등 질문이 많다고 했다. 잔걱정 속에 연락을 기다리며 사적지를 촬영하고 있었다. 며칠 뒤 다행히 집에서 촬영하자는 연락이 왔다. 약속 시간 오후 1시에 맞춰 통역과 함께 집을 찾아 나섰다. 담이 높고 철문이 육중한 한 아파트 입구 앞에 택시가 섰다. 아파트 로비는 약간 겁이 날 만큼 어두웠다. 엘리베이터가 덜컹하며 움직였다. 그리고 아파트 맨 위층에서 또 한 번 덜컹하고 멈춰 섰다. 오른편 대문이 열렸다. 실내에서 환한 빛이 쏟아져 나왔다. 그리고 스베틀라나 여사가 인자하고 푸근한 미소로 손님을 맞았다. 활짝 웃는 얼굴은 영락없는 우리네 모습이었고 입에서 나오는 말은 영락없는 러시아 사람이었다. 이런 이질적 느낌은 국외 거주 독립운동가 후손을 만날 때마다 겪는 일이었다.

칙칙했던 바깥 풍경에 비해 집 안은 밝고 아늑했다. 러시아에선 집에 들어서자마자 외투를 벗는다고 했다. 현관 앞에 바로 옷걸이가 있었다. 스베틀라나 여사가 옷을 받아주었다. 그녀는 소담스럽게 차려진 식탁으로 날 안내했다. 밥을 먹자고 온 게 아니었다. 당황하는 내게 그녀는 "한국 사람은 귀한 손님에게 밥 한 끼를 꼭 대접하지 않냐"고 했다. 식탁 위에 안다미로 담은 쌀밥, 소고기 배춧국, 편육 등이 가지런했다. 식사엔 스베틀라나 여사의 아들도 함께했다. 그는 이인섭의 외손자가 된다. 식사를 하며 작업 취지를 다시 한번 설명했고 그간 찍은 사진 등을 보여주었다. 그녀가 간간이 내뱉는 한국어 단어에는 강한 북한 사투리가 섞여 있었다. 가만히 이인섭의 고향(평양)을 생각하자 이해가 됐다. 이런저런 이야기로 식사 시간이 길어졌다. 그제야 촬영 전 질문들이 설명됐다. 과거 한 한국 사람이 찾아와 사회주의 계열 독립운동을 나쁘게만 이야기했다고 한다. 질문이 이데올로기에 대한 것들뿐이어서 기분이 썩 좋지 못했다고도 했다. 그러면서 이렇게 말했다.

홍범도 장군이 살아생전 독립군 활동에 대해 기록하라고 아버지에게 말했다고 들었어요. 그래서 아버지가 다양한 자료를 많이 남기셨나 봐요. 아버지가 언젠가 자료를 모아 북한에 보낸 적 있었는데 '좋은 날 초대하겠다'는 연락 한 번이 전부였다고 해요.

우리 독립운동엔 다양한 노선이 존재한다. 러시아를 무대로 활동했던 독립운동가 중에는 사회주의 계열 독립운동가가 적잖다. 광복 이후 남한은 반공 체제 수립을 위해 사회주의 계열 독립운동가를 역사에서 지워버렸고, 북한은 김일성 신격화를 위해 이들을 기억 저편으로 밀어냈다. '역사가 된 기억'과 '역사가 되지 못한 기억'은 이렇게 만들어졌다. 역사가 승자의 편에 서면 불가피하게 의도적 망각을 수반한다. 그 과정에서 이인섭처럼 자기 배반의 희생자로 남은 사람들이 있다. 누구의 기억 속에도 머물지 못한 얼굴 없는 사람 말이다. 어쩜 이인섭은 역사로 인정받지 못한 비운의 기억 그 자체를 상징하는지도 모르겠다. 그런데 역설적이게도 그가 남긴 기록은 모두의 기억에 남겨야 할 과거다.

스베틀라나 여사 침실 작은 책상 위에는 이인섭이 지은《망명자의 수기》가 놓여 있었다. 무엇보다 눈길을 끈 건 한국어 교재였다. 일흔 나이에도 아버지가 써놓은 글을 읽고 싶어 공부를 하고 있다고 했다. 잠시 아버지를 생각하며 포즈를 취해달라고 했다. 촬영이 끝나고 한동안 미동조차 없는 그녀, 손등으로 눈물을 훔친다.

아버지가 살아 계실 때 이런 이야기를 하셨어요. "나라 찾는 데 독립 노선이 무슨 소용이냐. 이제 나라 찾았으니 그걸로 됐다"라고요.

찍고자 한 건 망각과 은폐에 저항하는 사진이다. 한 장의 사진이 능동적으로 망각을 직시한 채 그것을 기억으로 되돌렸으면 했다. 과거는 이해되어야 한다. 그 앎은 반성적 태도 위에 있어야 한다. 그것이 망각에서 기억까지의 흐릿함을 다시 선명하게 하는 가장 빠른 길이다. 흐릿한 스베틀라나 여사의 얼굴이 과거의 재인식을 도와 망각을 추동한 자들을 떠오르게 했으면, 이를 통해 진실한 기억의 지도가 제 모습을 갖추는 데 도움이 됐으면, 그렇게 이 이야기와 사진이 소임을 다했으면.

독립운동가 이인섭의 막내딸 스베틀라나 슬로보치코바 여사

사라진 모든 서사를 위해

분명 누군가 이야기를 썼고, 그것들을 기억했다
어느 날 차가운 햇볕이 움직이지 않는 바람에 내려앉았다
전에 없던 기궤한 날의 도래였다
낮밤의 생명들은 어쩔 줄 몰라 숨을 죽였다
음유시인도 입을 닫았다
과거 없는 현재의 도착이었다
미래가 신기루처럼 슬그머니 자취를 감춘다
서사의 종말 앞, 나는 누구인가
사라진 모든 흔적과 잊힌 모든 기억,
그것들에 애도를

모스크바, 독립운동가 김규면 묘소

모스크바, 독립운동가 강상진 묘소

대한민국
REPUBLIC OF KOREA
여권
PASSPORT
РОССИЙСКАЯ
ФЕДЕРАЦИЯ
ПАСПОРТ

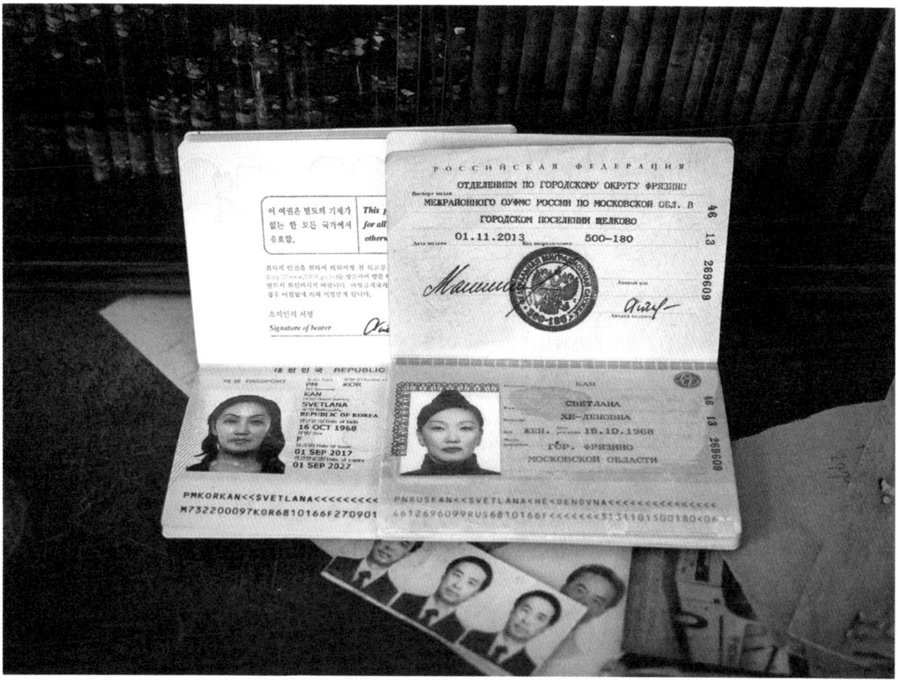

독립운동가 강상진의 후손이 소유하고 있는 두 개 여권

우스리스크 4월 참변 추모비

책을 나오며

실천적 예술을 위한 또 한걸음

〈뭉우리돌을 찾아서〉 프로젝트는 지난 2017년 국외독립운동사적지를 사진으로 기록하고 표현해 보고자 시작됐다. 이 작업은 나라 밖 산재한 역사적 공간을 통해 우리 과거를 되짚는다. 그리고 그 목격은 다시 현실을 톺아보게 한다. 《뭉우리돌의 들녘》의 주제가 역사이지만 그것의 방점은 과거에 있지 않다는 의미다. 언제나 하고자 하는 이야기는 '지금'에 대한 것들이다. 책 내용은 한 장의 사진을 이해하고 느끼기 위한 배경지식일 뿐이다.

주로 지난 2018년 있었던 답사와 촬영 내용을 정리하며 계속 고민했던 건 텍스트와 이미지가 충돌하는 지점에서 독자가 느낄 어떤 감정이었다. 그래서 사진의 선택과 배치는 내용만큼이나 신경 쓰이는 일이었다. 책 속 이야기와 이미지는 시간 저편과 이편에서 서로 맞닿은 채 다양한 감정을 만들어 낸다. 그 공간적 배경은 모두 '회상의 장소'로 의미를 지닌다. 그리고 그 장소는 한국인만 감지할 수 있는 특별한 아우라를 내뿜는다. 하지만 아우라는 그냥 발동하지 않는다. 배경지식은 공간이 가진 고유한 기운을 불러내는 만트라mantra와도 같다.

우리가 어떤 느낌을 얻고자 모두 학자가 될 필요는 없다. 우리 임무는 학문이 아닌 기억과 기억을 잇는 데 있다. 그렇게 세대에서 또 다음 세대로 이어간 기억은 현재를 직시하는 초석이 되고 미래를 더듬어 보는 척도가 될 거다. 이 책이 우리 과거의 진면목을 목격하는 데 도움이 됐으면 한다. 그 진짜 모습은 넓은 들녘에서 소리 없는 아우성을 듣고, 텅 빈 공간에서 무엇이 있음을 더듬을 때 나타난다. 그것들과의 만남은 마법처럼 한 번도 느껴보지 못한 이상야릇함을 선사한다. 이를 통해 기억은 회복될 수 있다. 추구하는 다큐멘터리 사진의 실천적 예술이란 부채감을 가져야 하는 우리가 할 수 있는 가장 진실한 안갚음인 셈이다.

책을 탈고한 뒤 '또 하나가 끝났구나' 하는 헛헛함이 밀려들었다. 한편으로는 내뱉은 말을 실천한 것 같아 안도가 됐다. 또 다른 마음 한구석에는 다음 책《뭉우리돌의 광야》중앙아시아 편을 써야 한다는 중압감이 생겼다. 홍범도 장군 이야기 등이 이 책에 간략하게 소개된 건 다음 책에서 다룰

주제이기 때문이다. 안중근 의사가 하얼빈으로 출발하는 장면까지만 등장한 것도 중국 편을 써야 하기 때문이다. 국경을 초월한 이 이야기들이 사진으로 언제 다 정리될지 모르겠다. 하지만 그 실천이 버릇이 되고 습관으로 굳어져 현장에 박힌 뭉우리돌 이야기를 계속 나누었으면 한다. 그렇게 새로운 질문을 던지며 함께 실천적 예술을 해나가면 좋겠다. 우리 모두 전기수傳奇叟가 되는 날까지.

끝으로 이번 책에서도 감수와 조언을 아끼지 않은 금옥여자고등학교 임선일 선생님과 '돈'이 모든 걸 집어삼킨 시대에 가치에 투자하고 있는 수오서재 가족들에게 감사의 마음 전한다.

참고 자료

단행본

김금숙, 《시베리아의 딸, 김알렉산드라》, 서해문집, 2020.

김동우, 《뭉우리돌을 찾아서》, 류가헌, 2019.

김동환, 《실천적인 민족주의 역사가 장도빈》, 역사공간, 2013.

김삼웅, 《대한독립군 총사령관 홍범도 평전》, 레드우드, 2019.

김호준, 《유라시아 고려인, 디아스포라의 아픈 역사 150년》, 주류성, 2013.

문영숙, 《노블레스 오블리주 실천자 최재형》, 걸음, 2020.

박은식, 《한국독립운동지혈사》, 서문당, 2019.

박환, 《최재형》, 역사공간, 2008.

___, 《페치카 최재형》, 도서출판선인, 2018.

___, 《블라디보스토크·하바롭스크》, 도서출판선인, 2019.

___, 《독립군과 무기》, 도서출판선인, 2020.

___, 《러시아한인 독립전쟁》, 도서출판선인, 2022.

반병률, 《여명기 민족운동의 순교자들》, 신서원, 2013.

안중근의사숭모회, 《안중근 의사의 삶과 나라사랑 이야기》, 안중근의사기념관(일곡문화재단), 2011.

윤인진, 《코리안 디아스포라》, 고려대학교출판부, 2004.

은예린, 《강우규 평전》, 책미래, 2015.

이광수, 《그의 자서전》, 태학사, 2021.

이기항 외, 《이준열사기념관 20년》, 이준열사기념관, 2017.

이민원, 《신학문과 독립운동의 선구자 이상설》, 역사공간, 2017.

이재석 외, 《밀정, 우리 안의 적》, 지식너머, 2020.

임경석, 《독립운동 열전1》, 푸른역사, 2022.

_____, 《독립운동 열전2》, 푸른역사, 2022.

임채완 외, 《코리안 디아스포라》, 북코리아, 2013.

정철훈, 《알렉산드라 페트로브나 김》, 시대의창, 2021.

진용선, 《아리랑로드》, 정선아리랑문화재산, 2017.

철기 이범석 장군 기념사업회 역, 《우둥불》, 백산서당, 2016.

친일인명사전편찬위원회 역, 《친일인명사전》, 민족문제연구소, 2009.

황재문, 《안중근 평전》, 한겨레출판, 2011.

학위 논문

김동우, 〈실천적 예술을 위한 다큐멘터리 사진의 방향성 연구〉, 한경대학교 일반대학원 디자인학과 석사학위, 2022.

송영화, 〈러시아 한인의 일상생활과 정치운동: 국적문제를 중심으로(1905~1917)〉, 성균관대학교 일반대학원 사학과 박사학위, 2023.

학술지

권기배, 〈유라시아 지역의 고려인 문화연구〉, 《슬라브 연구》 제36권 1호, 2020.

김상기, 〈高宗의 헤이그특사 파견과 국내항일투쟁〉, 《한국독립운동연구》 제29집, 2007.

김익성, 〈독립군 활동을 통해 본 우리의 대비 방향- 자유시 참변 전개과정을 중심으로〉, 《군사논단》 제104호, 2020.

김주용, 〈1920년 제국주의 일본군의 간도침략과 한인 대학살〉, 《만주연구》 제31호, 2021.

반병률, 〈간도(間島)15만 원 사건의 재해석〉, 《역사문화연구》 제12집, 2000.

_____, 〈러시아 연해주 한인마을 연추의 형성과 초기 모습〉, 《동북아역사논총》 25호, 2009.

_____, 〈단재 신채호의 러시아 연해주 독립운동〉, 《한국학논총》 46호, 2016.

서영석, 〈헤이그특사 파견과 상동파의 역할〉, 《한국교회사학회지》 제45집, 2016.

송영화, 〈1911년 블라디보스토크 개척리 철거와 신한촌의 건설〉, 《슬라브학보》 제35권 3호, 2020.
______, 〈러시아의 한인 이주민 단속 정책과 그 균열〉, 《史叢(사총)》 제105호, 2022.
신주백, 〈독립전쟁과 1921년 6월의 자유시 참변〉, 《지식의 지평》 제31호, 2021.
오영섭, 〈이위종의 생애와 독립운동〉, 《한국독립운동연구》 제29집, 2007.
윤영미, 〈시베리아 횡단철도: 건설배경과 과정 및 개발정책을 중심으로〉, 《21세기정치학회보》 제15집, 2005.
윤병석, 〈만국평화회의와 한국특사의 역사적 의미〉, 《한국독립운동연구》 제29집, 2007.
이명화, 〈헤이그특사가 국외 독립운동에 미친 영향〉, 《한국독립운동연구》 제29집, 2007.
이민원, 〈광무황제와 헤이그특사〉, 《한국독립운동연구》 제29집, 2007.
이병조, 〈러시아 아무르주의 한인사회와 정교회 선교활동(1872~1916)-블라고슬로벤노예 마을을 중심으로〉, 《재외한인연구》 제20호, 2009.
이상훈, 〈녹둔도 공동조사 보고서- 미지의 섬, 녹둔도를 향한 첫걸음〉, 《동북아역사논총》 78호, 2022.
장우순, 〈서일과 1920년 독립전쟁〉, 《한일관계사연구》 제77집, 2022.
전일욱, 〈대한제국의 헤이그 만국평화회의에의 특사파견과 시사점〉, 《한국행정사학지》 34호, 2014.
최기영, 〈한말 李儁의 정치·계몽활동과 민족운동〉, 《한국독립운동연구》 제29집, 2007.
허만위, 〈항일독립군, 체코군단 무기비밀운반 사례 연구〉, 《군사논단》 7권, 1996.
한성민, 〈제2회 헤이그 만국평화회의 特使에 대한 일본의 대응〉, 《한일관계사연구》 통권 51호, 2015.
한철호, 〈헐버트의 만국평화회의 활동과 한미관계〉, 《한국독립운동연구》 제29집, 2007.
홍웅호, 〈홍범도의 중앙아시아에서의 생활〉, 《사림(성대사림)》 61호, 2017.
황정식, 〈상해 대한민국 임시정부와 체코군단〉, 《동국사학》 67호, 2019.

기사

계승범, "시민을 위한 역사 1114호, '웃픈' 승리, 나선정벌", 한겨레21, 2016.06.02.
h21.hani.co.kr/arti/culture/culture_general/41834.html

김상진, "'비밀 뱉을까 혀 끊어냈다'… 홍범도 장군 가족에 건국훈장", 중앙일보, 2021.02.25.
joongang.co.kr/article/24000026#home

이본영, "일본군이여, 총부리를 착취자에 돌려라", 한겨레신문, 2016.09.01.
hani.co.kr/kisa/section-002001000/2005/09/002001000200509011834972.html

이언탁, "[창간 100주년-창간주역 5인의 발자취] (6)항일 논객 장도빈 주필", 서울신문, 2004.07.15
seoul.co.kr/news/newsView.php?id=20040715010006

이호, "[기자수첩] 영화 〈밀정〉과 춘원 이광수의 경우", 여성경제신문, 2016.09.17.
womaneconomy.co.kr/news/articleView.html?idxno=40047

임경석, "임경석의 역사극장 1183호-항일 무장투쟁의 거물 최장기 밀정이 되다", 한겨레21, 2017.10.18.
h21.hani.co.kr/arti/culture/culture_general/44322.html

_____, "임경석의 역사극장 1216호-독립운동가 찍어낸 밀정계의 대부", 한겨레21, 2018.06.11
h21.hani.co.kr/arti/culture/culture_general/45486.html

_____, "임경석의 역사극장 1410호-간악한 고문에도 2주간 입을 다문 전홍섭", 한겨레21, 2022.04.28.
h21.hani.co.kr/arti/culture/culture_general/51924.html

_____, "'독립 투쟁' 사관생도 32명 러시아행… 학교 지키려 벌목노동", 한겨레21, 2023.09.06.
hani.co.kr/arti/politics/politics_general/1107371.html

채인택, "[채인택의 글로벌 줌업]시베리아 휩쓴 '설국열차'의 체코군단 무기가 독립군 청산리 대첩 이끌었다", 중앙일보, 2018.11.30.
joongang.co.kr/article/23169045#home

사이트

국가보훈부, 공훈전자사료관

e-gonghun.mpva.go.kr/diquest/Search.do

국사편찬위원회, 우리역사넷, 훈춘사건

contents.history.go.kr/id/tg_004_2150

동북아역사넷, 고구려 발해 문화유산지도

contents.nahf.or.kr/ismyViewer/item.do?levelId=ismy.d_0003_0050

동북아역사재단, 독립운동의 현장을 가다_'한일강제병합' 반대선언문을 발표하다

blog.naver.com/correctasia/222919315891

서울시립대학교 도시인문학연구소 도시인문학용어 사전

iuhuos.cafe24.com/bbs/board.php?bo_table=dic&wr_id=3

역사팩트만채널(HistoryFactMan)

youtube.com/@historyfactman/videos.

기타

국외독립운동사적지 실태조사보고서, 〈러시아 연해주·하바로프스크지역/중국 흑룡강성 하얼빈·오운진지역〉, 독립기념관, 2018.

최봉설, 〈간도 15만원 사건에 대한 40주년을 맞으면서〉, 1959.

김동우 사진가

대학에서 신문방송학과를 졸업하고 신문사 기자로 일한다. 그러다 행복이 직장에 없음을 깨닫고 과감히 사표를 던진다. 한동안 여행자의 삶을 살던 중 우연히 인도 델리 레드 포트가 한국광복군 훈련지란 사실을 알게 된다. 목덜미를 타고 이상한 기운이 흐르는 기묘한 체험이었다. 그렇게 독립운동가들의 삶에 사로잡혀 2017년부터 국외독립운동사적지를 찾아 사진과 글로 기록하기 시작했다. 중국, 인도, 멕시코, 쿠바, 미국, 러시아, 네덜란드, 카자흐스탄, 우즈베키스탄, 일본 등 10개국의 독립운동사적지와 그곳에 살고 있는 후손들을 취재했으며, 현재까지 작업을 이어가고 있다. 꾸준히 관련 전시와 강연을 하고 있으며, 지은 책으로는《뭉우리돌의 바다》,《뭉우리돌을 찾아서(사진집)》,《세계에 남겨진 독립운동의 현장》,《걷다 보니 남미였어》,《트레킹으로 지구 한 바퀴》 등이 있다. 국가보훈부 보훈문화상, 다큐멘터리 온빛사진상, 국가기록관리유공자 표창 등을 수상한 바 있으며, 국가보훈부 정책자문위원을 역임했다.

이메일 dw1513@naver.com
인스타그램 @road_dongwoo
페이스북 @dw1513

뭉우리돌의 들녘

1판 1쇄 발행 2024년 1월 19일 **1판 2쇄 발행** 2024년 5월 18일

지은이 김동우
발행처 (주)수오서재 **발행인** 황은희, 장건태
책임편집 최민화 **편집** 마선영, 박세연 **마케팅** 황혜란, 안혜인
디자인 행복한물고기 **제작** 제이오
주소 경기도 파주시 돌곶이길 170-2 (10883)
등록 2018년 10월 4일(제406-2018-000114호)
전화 031)955-9790 **팩스** 031)946-9796 **전자우편** info@suobooks.com
홈페이지 www.suobooks.com
ISBN 979-11-93238-19-6 03910 책값은 뒤표지에 있습니다.

도서출판 수오서재守吾書齋는 내 마음의 중심을 지키는 책을 펴냅니다.